智元微库
OPEN MIND

成长也是一种美好

DeepSeek
财税一本通

刘文怡 / 著

人民邮电出版社

北京

图书在版编目（CIP）数据

DeepSeek 财税一本通 / 刘文怡著 . -- 北京 ： 人民
邮电出版社，2025. -- ISBN 978-7-115-66911-7

Ⅰ . F810-39

中国国家版本馆 CIP 数据核字第 2025G964Z8 号

◆ 著　刘文怡
　　责任编辑　黄琳佳
　　责任印制　周昇亮

◆人民邮电出版社出版发行　　　北京市丰台区成寿寺路 11 号
　　邮编 100164　电子邮件 315@ptpress.com.cn
　　网址 https://www.ptpress.com.cn
　　涿州市京南印刷厂印刷

◆开本：720×960　1/16
　　印张：14.5　　　　　　　　　2025 年 4 月第 1 版
　　字数：171 千字　　　　　　　2025 年 4 月河北第 1 次印刷

定　价：69.80 元

读者服务热线：（010）67630125　印装质量热线：（010）81055316
反盗版热线：（010）81055315

前　言

淘汰你的不是 AI，而是比你更会用 AI 的人

这是个风云变幻的时代。诚如狄更斯在《双城记》中所言："这是最好的时代，这是最坏的时代。"于财税领域而言，人工智能（AI）的蓬勃发展无疑是一场颠覆性的变革。它一方面为财税人员带来前所未有的机遇，另一方面也让部分故步自封者面临被时代淘汰的危机。

财税工作，长期以来被海量的数据与复杂的法规层层包裹。以往，财税人员宛如在荆棘丛中艰难跋涉，手工录入数据、反复核算、深度分析，不仅耗时费力，还难以避免人为差错。如今，AI 携前沿技术强势登场，"明者因时而变，知者随事而制"。在当下这个科技狂飙突进的时代，AI 正以排山倒海之势重塑财税领域的格局。

正如古人所云："工欲善其事，必先利其器。"深度求索（DeepSeek）就是财税人员在数字化浪潮中的最强装备。掌握它，意味着在繁杂的财税法规中迅速定位所需条文，告别盲目检索的迷茫。在财务分析与决策支持工作中，其智能运算与可视化呈现可以为企业提供高价值建议，一跃成为企业战略决策的核心智囊。如此一来，升职加薪不再是财税人员遥不可及的奢望，而是其职业发展的必然走向。

本书将深入剖析 DeepSeek 在财税领域的十大高效应用方法，从智能数据整理到精准政策检索，从智能审计协助到财务风险预警，逐一进行拆解。

这不是一本泛泛而谈的技术手册，而是一本实战指南，旨在引领财税人员踏上与 AI 协同共进的征程，在职业发展中披荆斩棘，驶向成功彼岸。拥抱 AI，掌握 DeepSeek，你将成为财税领域的弄潮儿，掌控未来，引领行业新趋势。

目 录

第一章

DeepSeek 政策精算师：助力精准政策检索

在当下这个数字化的时代，财税工作会碰到海量的数据，怎么能准确又快速地找到要用的数据，对财税工作的顺利开展特别关键。

第一节
三步验证更精准

一、初次检索

DeepSeek 采用先进的自然语言处理（NLP）技术，能理解财税人员用平常语言提出的问题。比如说，财税人员问"查一下过去三年企业所得税有哪些优惠政策"，DeepSeek 会把这句话里的"过去三年""企业所得税""优惠政策"这些关键词找出来，然后分析这些内容是什么意思，弄清楚用户到底想查什么。

｜企业所得税近三年优惠政策检索案例[1]｜

根据搜索结果，过去三年（2023—2025 年执行）的企业所得税优惠

---

[1] 需要注意的是，即使是同一个问题，AI 每次给出的答案也可能有差异。本书中 AI 的答案仅代表笔者写作时咨询 AI 得到的答案。

政策主要包括以下方面，按政策类型和适用对象分类整理如下。

一、针对小微企业的优惠

◆ 小微企业税率减免

对符合条件的小微企业（应纳税所得额≤300万元、从业人数≤300人、资产总额≤5000万元），减按25%计算应纳税所得额，按20%税率缴纳企业所得税，政策延续至2027年12月31日。

二、区域性优惠政策

◆ 西部地区鼓励类产业企业

2021年1月1日至2030年12月31日，对设立在西部地区的鼓励类产业企业（如节能环保、技术创新、绿色可持续发展类企业），减按15%税率征收企业所得税。

◆ 海南自由贸易港企业

2020年1月1日至2027年12月31日，对注册在海南自贸港并实质性运营的鼓励类产业企业（如旅游业、现代服务业、高新技术产业），减按15%税率征收企业所得税。新购置的500万元以下固定资产可一次性税前扣除。

◆ 特定合作区优惠政策

深圳河套深港科技创新合作区、前海深港合作区、横琴粤澳合作区等特定区域的鼓励类产业企业，减按15%税率征收企业所得税。

三、支持科技创新与研发的优惠

◆ 研发费用加计扣除

一般企业：研发费用未形成无形资产的，按实际发生额的 100% 加计扣除；形成无形资产的，按 200% 摊销。

集成电路和工业母机企业：2023 年 1 月 1 日至 2027 年 12 月 31 日，研发费用加计扣除比例提高至 120%（费用化）或 220%（资本化）。

◆ 高新技术企业

高新技术企业减按 15% 税率征收企业所得税，资格期满当年暂按 15% 预缴，未通过重新认定的需补缴税款。

◆ 创业投资企业税收抵免

公司制或合伙制创投企业投资于初创科技型企业满 2 年的，可按投资额的 70% 抵扣应纳税所得额，不足抵扣的可结转后续年度。

四、环保与公益性政策

◆ 污染防治第三方企业

符合条件的污染防治企业（如环保设施运营企业）减按 15% 税率征收企业所得税，执行至 2027 年年底。

◆ 扶贫与公益性捐赠

企业用于目标脱贫地区的扶贫捐赠支出可据实扣除，政策延长至 2025 年年底。

五、设备投资与折旧优惠

◆ 设备、器具一次性扣除

2024年1月1日至2027年12月31日，企业新购单位价值500万元以下的设备、器具，允许一次性计入当期成本费用税前扣除。

六、吸引外资与再投资政策

◆ 递延纳税政策

境外投资者将境内利润直接再投资的，暂免征收预提所得税。2024年外商在华再投资金额达1622.8亿元，同比增长15%。

七、其他专项优惠

◆ 文化事业单位转制

2027年年底前，经营性文化事业单位转制为企业可享受5年免征企业所得税。

◆ 残疾人就业

支付给残疾职工的工资可100%加计扣除。

◆ 小额贷款公司

农户小额贷款利息收入的90%计入收入总额。

以上政策综合了全国性和区域性优惠，覆盖小微企业、科技研发、环保、外资等多个领域，具体执行条件需参考各政策文件。如需完整政策条款，可查阅国家税务总局或财政部相关公告。

DeepSeek 的深度思考如下。

好的，我需要帮用户查过去三年（2022—2024 年）的企业所得税优惠政策。用户提到的"过去三年"可能指的是 2022—2024 年，但今天的日期是 2025 年 2 月 25 日，因此可能需要确认具体时间范围。不过，根据搜索结果，大部分政策在 2023—2027 年出台，尤其是在 2024 年出台的政策较多。接下来，我需要从搜索结果中提取相关的优惠政策。

先看网页 1，国家税务总局发布的 2024 年减税降费数据，提到了支持科技创新和制造业发展的政策，包括研发费用加计扣除、集成电路和工业母机企业的增值税加计抵减等，总额超过 2.6 万亿元。这部分应该属于结构性减税政策，可以归类到科技和制造业优惠。

网页 2 和网页 10 详细列举了 2024 年的企业所得税优惠政策，包括小微企业的税率优惠、西部地区的 15% 税率、海南自贸港政策、研发费用加计扣除比例提高，以及创业投资企业的抵免政策等。特别是小微企业减按 25% 应纳税所得额，20% 税率，延续至 2027 年，这应该是重点。

网页 3 和网页 6 提到的设备器具一次性扣除政策，单位价值 500 万元以下的可一次性计入成本，这对企业资金流有帮助。同时，污染防治第三方企业按 15% 税率减税，这也是一个重要的环保类优惠。

网页 5 提到深圳河套合作区的 15% 税率，以及地方园区的税收扶持政策，但这里可能属于地方性政策，需要确认是否全国通用。不过用户的问题可能更关注全国性政策，因此这部分可能是次要的。

网页7、8、9讨论的是递延纳税政策，特别是外商再投资的递延纳税，2024年数据增长显著，属于吸引外资的优惠政策。此外，海南自贸港的政策延续至2027年，可能也是企业所得税的一部分。

网页4和网页10重复了小微、西部、海南等政策，需要整合避免重复。网页3还提到高新技术企业、技术先进型服务企业等的15%税率，以及加计扣除的具体比例，比如研发费用100%或120%加计扣除。

综合这些信息，需要将优惠政策按类别整理，比如小微企业、特定地区（西部、海南）、科技研发、环保、外商投资等。同时注意政策的执行时间，是否覆盖过去三年。例如，海南的政策原本在2024年年底到期，但网页8显示延续到2027年，因此用户问的过去三年可能包含这个延续后的政策。

需要注意，有些政策可能在2023年发布，但执行期涵盖过去三年。比如研发费用加计扣除在2023年提高比例，执行到2027年，这也属于近期的优惠。同时，创业投资企业的抵免政策在多个网页提到，需要包括在内。

最后，还要检查是否有遗漏的政策，比如网页2提到的退役士兵和重点群体就业的税收扣减，可能属于企业所得税的间接优惠，需要囊括进答案。另外，设备扣除、污染防治企业、文化事业单位转制等也需要涵盖。

二、核实验证流程

1. 明确检索内容

在使用 DeepSeek 进行财税相关信息检索时，清晰明确检索内容至关重要。例如，在查询企业所得税优惠政策时，就像上述案例，精准运用"过去三年""企业所得税""优惠政策"这类关键词，能够显著提高检索结果的针对性与相关性，有助于快速获取所需信息。

2. 整理纠错

需要注意的是，DeepSeek 给出的答案并非总是完全正确的。由于它是通过在海量在线网站中针对关键词进行搜索和筛选来生成信息的，这一过程中可能存在网站信息本身有错误或者 DeepSeek 对信息理解有偏差的情况，因此尤其是在复杂且专业的财税领域，我们更加需要对其输出结果进行整理与纠错。

（1）排查引用资料

以本案例为例，在 DeepSeek 给出回答之前，系统提示将引用 44 篇网页资料作为参考（如图 1-1 所示），我们可以对这些资料的来源进行抽查。

图 1-1　引用 44 篇网页资料作为参考

在 DeepSeek 呈现的每一条政策后面都有资料来源标识（灰色小圆点），把鼠标悬浮放置（不点击）于灰色小圆点上，可以看到该资料来源的网址信息。比如，如图 1-2 所示的这条政策是 2024 年 9 月 4 日发布的，距检索日期很近，且其来源是政府官方网址，这说明该资料来源可靠。此时，我们试着点击小圆点进一步查看详细信息。

图 1-2 查看某个资料来源的网址信息

如此操作后，我们便可以直接跳转至原网页（如图 1-3 所示）。

图 1-3 跳转至原网页

（2）使用多个 AI 工具相互验证

当我们没有时间进行——查验时，可以考虑使用多个 AI 工具相互验证。比如，我们问豆包^[1]同样的问题，得到的答案如下。

｜过去三年企业所得税优惠政策盘点｜

在过去三年里，国家为了助力企业发展，给出了很多企业所得税优惠政策。这些政策能降低企业交税负担，鼓励企业搞创新、发展特定产业，对企业发展有大用处。下面就给你讲讲过去三年里一些主要的企业所得税优惠政策。

一、小微企业优惠政策

小微企业在经济里很重要，过去三年，国家给了它们不少优惠。按照《财政部 税务总局关于进一步支持小微企业和个体工商户发展有关税费政策的公告》（2023 年第 12 号），从 2023 年 1 月 1 日到 2027 年 12 月 31 日，小微企业年应纳税所得额不超过 100 万元的部分，减按 25% 计入应纳税所得额，按 20% 的税率缴纳企业所得税。年应纳税所得额超过 100 万元但不超过 300 万元的部分，减按 25% 计入应纳税所得额，按 20% 的税率缴纳企业所得税。

这里说的小微企业，得满足三个条件：从事国家非限制和禁止行业；年度应纳税所得额不超过 300 万元；从业人数不超过 300 人；资产总额不超过 5000 万元。像一家小型服装加工厂，一年赚了 200 万

---

[1] 豆包是字节跳动公司基于云雀模型开发的 AI 智能体。

元，有 150 名员工，资产总额是 2500 万元，因为它符合这些条件，就能享受小微企业优惠政策。在计算企业所得税时，100 万元以内的部分，按 25% 算应纳税所得额，也就是 100×25%=25 万元；超过 100 万元到 200 万元的部分，同样按 25% 算应纳税所得额，即（200–100）×25%=25 万元。然后这两部分应纳税所得额都按 20% 税率交税，总共交税（25+25）×20%=10 万元。要是没有这个优惠政策，按正常税率交的税就会多不少。

二、研发费用加计扣除政策

为了鼓励企业搞研发、创新，国家出台了研发费用加计扣除政策。在 2023 年 1 月 1 日至 2027 年 12 月 31 日，集成电路企业和工业母机企业开展研发活动中实际发生的研发费用，没形成无形资产计入当期损益的，在按规定据实扣除的基础上，再按照实际发生额的 120% 在税前扣除；形成无形资产的，在这段时间按照无形资产成本的 220% 在税前摊销。

对一般企业来说，企业开展研发活动中实际发生的研发费用，没形成无形资产计入当期损益的，在按规定据实扣除的基础上，从 2023 年 1 月 1 日起，再按照实际发生额的 100% 在税前加计扣除；形成无形资产的，从 2023 年 1 月 1 日起，按照无形资产成本的 200% 在税前摊销。比如一家科技公司，去年投入了 500 万元研发费用，这 500 万元在计算应纳税所得额时，除了能全部扣除，还能再加计扣除 500×100%=500 万元。要是这 500 万元研发费用形成了无形资产，假设分 10 年摊销，那每年除了正常摊销的金额，还能多摊销相当于无形资产成本 100% 的金额，这就大大减少了企业要交的税，鼓励企业多投入研发。

三、特定地区与产业优惠政策

◆ 西部地区企业所得税优惠

从 2021 年 1 月 1 日到 2030 年 12 月 31 日，设在西部地区的鼓励类产业企业，减按 15% 的税率征收企业所得税。鼓励类产业企业包括节能环保型、技术创新型、绿色可持续发展类产业企业等。像在西部地区的一家风力发电企业，因为属于鼓励类产业，所以它的企业所得税税率就是 15%，要是没有这个优惠，可能按 25% 的正常税率交税，能节省不少税费，促进西部地区相关产业发展。

◆ 海南自贸港企业所得税优惠

在 2020 年 1 月 1 日 2024 年 12 月 31 日期间，注册在海南自由贸易港并实质性运营的鼓励类产业企业，减按 15% 征收企业所得税。这能吸引企业到海南自贸港发展，带动当地经济。比如一家在海南自贸港注册的生物医药企业，符合鼓励类产业标准，就可以享受 15% 的优惠税率，降低企业运营成本，提高竞争力。

四、其他优惠政策

◆ "三免三减半"政策

从事符合条件的环境保护、节能节水项目，还有国家重点扶持的公共基础设施项目的企业，能享受"三免三减半"政策。从项目取得第一笔生产经营收入所属纳税年度起，第 1 年至第 3 年免征企业所得税，第 4 年至第 6 年减半征收企业所得税。像从事公共污水处理项目的企业，前三年不用交企业所得税，后三年按正常税率的一半交税，这能减轻企业前期投入压力，推动环保、基础设施等项目建设。

◆ 企业所得税减计收入政策

对于金融机构农户小额贷款的利息收入，在计算应纳税所得额时，按90%计入收入总额。小额贷款指单笔且该农户贷款余额总额在10万元（含本数）以下的贷款。这项优惠延续到2027年12月31日。

保险公司为种植业、养殖业提供保险业务取得的保费收入，计算应纳税所得额时，按90%计入收入总额，优惠也延续到2027年12月31日。

经省级地方金融监督管理部门批准成立的小额贷款公司取得的农户小额贷款利息收入，计算应纳税所得额时，按90%计入收入总额。

企业综合利用资源，生产符合国家产业政策规定的产品所取得的收入，可以在计算应纳税所得额时减计收入。从2021年1月1日起，企业以《资源综合利用企业所得税优惠目录（2021年版）》规定的资源作为主要原材料，生产国家非限制和禁止并符合国家和行业相关标准的产品取得的收入，减按90%计入收入总额。

企业投资者持有2024—2027年发行的铁路债券取得的利息收入，减半征收企业所得税。铁路债券是指以中国铁路总公司为发行和偿还主体的债券，包括中国铁路建设债券、中期票据、短期融资券等债务融资工具。

这些过去三年的企业所得税优惠政策，覆盖了不同类型、规模的企业，还有不同地区和产业，对企业发展、经济结构调整和创新驱动发展都有很大帮助。企业得了解这些政策，看自己能不能享受，用好用足政策，减轻税负，实现更好发展。

对比处理的步骤如下。

第一步，对相同的部分予以采信。当多个 AI 工具搜索的结果相同时，这些内容大概率具有较高可信度。

第二步，对矛盾的部分予以验证。比如在 DeepSeek 中，海南自由贸易港的优惠政策延续至 2027 年，在豆包中却是到 2024 年。经查询，《财政部 税务总局关于延续实施海南自由贸易港企业所得税优惠政策的通知（财税〔2025〕3 号）》将原财税〔2020〕31 号文件规定的税收优惠政策，执行期限延长至 2027 年 12 月 31 日。因此，应以 DeepSeek 为准。

第三步，对缺失的部分予以互相补充。比如豆包提到的"三免三减半"政策，DeepSeek 并未提及，可能是因为这个政策并非近三年发布的政策。从这一点我们可以发现，如果我们要改进关键词，可以增加一句话"近三年的优惠政策包括不是在过去三年发布的，但过去三年却适用的政策"。

（3）反向询问

在 AI 工具搜索框中输入：查一下过去三年企业所得税失效或过期的优惠政策。

| 反向询问 DeepSeek 答复 |

根据搜索结果，过去三年（2022—2024 年）内失效或过期的企业所得税优惠政策主要包括以下几类，按政策类型和失效时间整理如下。

一、小微企业优惠政策调整及到期

◆ 2022 年小微企业低税率优惠到期

2022 年年底前，对年应纳税所得额不超过 100 万元的小微企业，实际税负为 2.5%（按 12.5% 计入应纳税所得额，税率 20%）。但该政策在 2023 年调整，2023—2024 年，年应纳税所得额不超过 100 万元的部分税率升至 5%（按 25% 计入应纳税所得额，税率 20%），优惠力度有所降低。

失效依据：原政策（2022 年）到期后未延续原有低税率，实际税负提高。

◆ 2024 年年底小微企业分段优惠到期

2023—2024 年度执行的优惠政策规定，年应纳税所得额超过 100 万元但不超过 300 万元的部分按 25% 计入应纳税所得额，按 20% 税率缴纳。该政策于 2024 年年底到期，后续是否延续尚不确定。

二、区域性政策调整

◆ 海南自贸港企业所得税优惠原到期时间

海南自贸港鼓励类产业企业的 15% 优惠税率原定于 2024 年 12 月 31 日到期，但后续政策（2025 年）明确将其延长至 2027 年年底。因此，原 2024 年年底的到期时间已失效，但政策实际未终止。

三、特定行业或领域政策终止

◆ 特定经营者税收优惠终结

自 2024 年 8 月 1 日《公平竞争审查条例》实施后，未经国务院批准的税收优惠被禁止。此前依赖地方性税收洼地、财政补贴的特定经营者（如部分大型企业）的优惠政策失效，转为强调市场公平竞争。

◆ 扶贫捐赠支出据实扣除政策原到期时间

企业用于目标脱贫地区的扶贫捐赠支出据实扣除政策原定于 2022 年年底到期，后延长至 2025 年年底。因此，原 2022 年的到期时间已失效，但政策仍延续。

四、征管政策废止

◆ 小微企业征管公告废止

国家税务总局 2022 年第 5 号公告（关于小微企业优惠征管问题）于 2023 年 1 月 1 日废止，由 2023 年第 6 号公告替代，调整了预缴申报和资格判断标准。

五、其他专项政策调整

◆ 境外机构投资境内债券市场免税政策

对境外机构投资境内债券市场的利息收入暂免企业所得税政策原定于 2025 年年底到期，但未在 2024 年提及调整，目前仍有效。

｜ 总结 ｜

上述失效或调整的政策主要涉及小微企业税率优惠阶段性收紧、区域性政策到期后的衔接，以及公平竞争导向下的特定优惠清

> 理。需注意，部分政策虽原到期时间失效，但经延期后仍继续执行
> （如海南自贸港政策）。如需具体文件依据或执行细节，可参考财政
> 部、国家税务总局相关公告。

从以上答复中，我们可以进一步厘清过去三年的优惠政策，比如小微企业过去三年间的优惠政策并非一成不变，2022 年的政策和 2023—2024 年的政策存在差异，同时我们也能看出针对海南自由贸易港政策变动情况，DeepSeek 和豆包的检索结果是不一致的。

三、使用 DeepSeek 检索功能的要点梳理

在使用 DeepSeek 检索功能时，我们需要严谨提问、小心求证，增加关键词并明确具体要求将有助于得到与我们的需求更契合的答案。在求证过程中，我们可以通过三步验证进一步判断 AI 的回答是否完整、准确。具体如下。

初次检索：在 DeepSeek 搜索框中输入财税关键词时，应精准提炼关键信息。举例来说，若要查询税收政策，需明确指出政策年份，比如"2023年"；需说明行业适用范围，比如"软件行业"；需清晰表述税种，如"企业所得税"优惠政策。这样便能让 DeepSeek 迅速定位相关内容，获取初步检索结果。

核实验证：根据 DeepSeek 结果页面，通过排查引用资料、使用多个 AI工具相互验证、反向询问等方式验证。

在动态检索方面，用户查数据时，要是觉得结果不理想，或者想把问题

说得更清楚一些，也无须重新检索。比如，查询"企业所得税税收优惠政策"，结果太多不好找，这时候可以在结果页面直接添加条件，像"适用于小微企业的企业所得税税收优惠政策"，DeepSeek 马上就能根据新条件，给出更为精准的结果。

第二节
精准检索关键词

在了解精准检索的验证步骤后，我们还需要对检索的关键词加以改进。像"过去三年企业所得税的优惠政策"这样的提问显然不是一个足够清晰的检索指令，如何才能让关键词足够清晰呢？我们通过以下两个场景来进行解读。

一、场景：新出台税收政策的理解与应用

假设国家税务总局发布了一项新的新能源汽车企业税收优惠政策。某新能源汽车制造企业的税务专员想了解这个政策的具体内容、适用企业范围和申报方式。若该税务专员在 DeepSeek 里输入"最新新能源汽车企业税收优惠政策解读"，则 DeepSeek 可能会给出如下答案。

根据最新政策文件及公开信息，2024—2025 年新能源汽车企业可享受的税收优惠政策主要集中在车辆购置税、车船税减免及区域性企业所得税优惠等方面，部分政策延续至 2027 年。以下从企业视角对关键政

策进行解读。

一、车辆购置税减免政策

1. 免征与减半征收分段实施

2024 年 1 月 1 日至 2025 年 12 月 31 日：企业购置符合技术要求的新能源汽车（纯电动汽车、插电式混合动力汽车、燃料电池汽车等）可免征车辆购置税，每辆新能源乘用车免税额最高不超过 3 万元。

2026 年 1 月 1 日至 2027 年 12 月 31 日：购置新能源汽车的车辆购置税减半征收，每辆新能源乘用车减税额不超过 1.5 万元。

适用范围：政策覆盖乘用车、客车、货车等车型，但减免限额仅适用于乘用车。

2. 换电模式特殊计税规则

对于"换电模式"新能源汽车，若企业与动力电池销售分开核算并开具发票，购置税计税价格以不含动力电池的车辆不含税价为准，进一步降低税负。

二、车船税优惠政策

免征范围：纯电动商用车、插电式混合动力汽车（含增程式）、燃料电池商用车可免征车船税；纯电动乘用车和燃料电池乘用车本身不属于车船税征税范围。

目录管理：需通过专项检测并列入《享受车船税减免优惠的节约能源使用新能源汽车车型目录》方可享受优惠，企业需确保技术合规性。

三、区域性企业所得税优惠

1. 海南自由贸易港

注册在海南自贸港且实质性运营的新能源汽车企业（如制造、关键零部件研发、充电设施建设等），若主营业务收入占比达 60% 以上，可减按 15% 税率缴纳企业所得税，政策有效期至 2027 年年底。

2. 横琴深合区与前海合作区

鼓励类产业目录涵盖新能源汽车研发、智能汽车技术等领域，符合条件的企业同样适用 15% 企业所得税税率。

四、其他支持政策

1. 财政补贴与研发支持

中央财政对地方充电基础设施建设给予奖励，地方可统筹用于充电设施运营补贴（如上海按充电量给予度电补贴）。

企业研发费用符合条件可享受加计扣除优惠，但需注意与财政补贴的税务处理区分。

2. 以旧换新叠加优惠

企业参与汽车以旧换新可享受额外财政补贴，例如报废旧车并购买新能源乘用车最高可获 2 万元补贴，进一步降低购车成本。

五、政策执行要点与风险提示

1. 合规性要求

购置税减免需以机动车销售统一发票开具日期为政策适用时点，且车辆需纳入《减免车辆购置税的新能源汽车车型目录》。

享受区域性所得税优惠的企业需满足"实质性运营"条件，避免因资质不符引发税务风险。

2. 财政补贴的税务处理

2020 年后取得的与销售收入挂钩的财政补贴需缴纳增值税，反之则免税。

企业所得税方面，专项用途财政补贴需满足单独核算等条件方可作为不征税收入，否则需计入应税收入。

| 总结 |

新能源汽车企业税收优惠政策呈现"多维度、分阶段、区域差异化"特点，建议企业结合自身业务布局（如是否在海南、横琴等特殊区域）、车型选择及研发投入，综合规划税务策略。同时需关注政策动态，例如工业和信息化部定期更新的车型目录及地方实施细则。具体操作可咨询税务机关或专业税务顾问，确保合规享受优惠。

在前述问题中，检索关键词非常不清晰，更好的问题是："假设你是一名新能源汽车制造企业的税务专员，现在需要获取最新的新能源汽车企业税收优惠政策解读。请找出新政策原文和文号，明确哪些新能源汽车企业能够享受优惠，具体的适用条件是什么，详细阐述申报操作和流程，并分享以往类似企业成功申报的案例，以帮助税务专员更好地理解和执行新政策。"采用修改后问题，DeepSeek 可能会给出如下回答。

｜ 最新的新能源汽车企业税收优惠政策解读 ｜

一、政策原文及文号

1.《关于延续和优化新能源汽车车辆购置税减免政策的公告》（财政部 税务总局 工业和信息化部公告 2023 年第 10 号）主要内容如下。

2024 年 1 月 1 日至 2025 年 12 月 31 日：新能源汽车免征车辆购置税，每辆新能源乘用车免税额不超过 3 万元；

2026 年 1 月 1 日至 2027 年 12 月 31 日：新能源汽车减半征收车辆购置税，每辆新能源乘用车减税额不超过 1.5 万元。

换电模式规定：若销售方将不含动力电池的新能源汽车与电池分别核算并开票，计税价格以不含电池的车身价格为准。

2.《中华人民共和国工业和信息化部 财政部 税务总局关于调整减免车辆购置税新能源汽车产品技术要求的公告》（2023 年第 32 号）更新了技术指标要求，包括整车能耗、续驶里程、动力电池能量密度等，新增低温续航衰减率（≤ 35%）和换电模式标准。

3. 企业所得税优惠

海南、横琴、前海等特殊区域企业，若主营鼓励类产业（如新能源汽车制造、充电设施研发等）且收入占比超 60%，可减按 15% 税率缴纳企业所得税。

二、享受优惠的企业条件

1. 购置税减免条件

车型要求：

车辆必须纳入《减免车辆购置税的新能源汽车车型目录》（由工业和信息化部、税务总局发布）；

动力电池不含铅酸电池，纯电续航、能耗等需符合技术标准（如低温续航衰减率≤35%）。

换电模式要求：

车身与电池需分开核算并开票，且企业需提供换电服务保障证明。

2. 车船税减免条件

车型需列入《享受车船税减免优惠的节约能源使用新能源汽车车型目录》，且通过专项检测。

3. 企业所得税优惠条件（海南等特殊区域）

主营业务为鼓励类产业（如新能源汽车制造），收入占比≥60%，且实际管理机构在当地。

三、申报操作流程

（一）购置税减免申报

线上申报：

1. 登录国家税务总局或地方电子税务局（如江苏省电子税务局），进入"车辆购置税申报"模块；

2. 填写车辆信息（车架号、发票金额等），系统自动校验目录及标识（减免税标识、换电模式标识）；

3. 下载完税证明电子版，完成申报。

企业责任：

确保车辆信息与《减免车辆购置税的新能源汽车车型目录》一致，标注减免税标识，避免虚假信息导致税务风险。

（二）企业所得税优惠申请

向地方税务机关提交材料，包括主营业务证明、收入占比核算表等，申请 15% 优惠税率。

四、以往成功案例

1. 某机电设备有限公司

通过"税务管家"辅导，享受研发费用加计扣除及区域性税收优惠，成功拓展新能源动力电池检测业务。

2. 海南自由贸易港企业

某新能源汽车制造企业因主营业务符合鼓励类目录，且收入占比达标，企业所得税税率降至 15%。

3. 咸阳汽车产业园

税务部门设置代办点，辅导企业完成购置税减免申报，消费者通过"国务院客户端"申请以旧换新补贴。

五、关键注意事项

1. 技术合规：定期核查车型是否符合最新技术要求（如低温续航衰

减率），避免因指标调整导致目录失效。

2.资料留存：保存换电模式分开发票、电池质保协议等文件，以备税务机关核查。

3.区域政策差异：海南、横琴等地的企业所得税优惠需结合当地目录动态调整申报策略。

如需政策原文或申报细节，可参考《财政部 税务总局 工业和信息化部关于延续和优化新能源汽车车辆购置税减免政策的公告》及工业和信息化部相关技术公告。

| 总结 |

新能源汽车企业税收优惠政策呈现"多维度、分阶段、区域差异化"特点，建议企业结合自身业务布局（如是否在海南、横琴等特殊区域）、车型选择及研发投入，综合规划税务策略。同时需关注政策动态，例如工业和信息化部定期更新的车型目录及地方实施细则。具体操作可咨询税务机关或专业税务顾问，确保合规享受优惠。

通过比较分析上述两个答案，可以看出第二个答案更为完善且具有更强的可操作性。这是由于问题更完善、更有针对性。第二个答案不仅对优惠政策进行解读，还按照要求给出了新政策原文和文号、享受优惠的具体条件、详细的申报操作和流程，以及成功案例，有助于实际操作落地实施。

二、场景：复杂税收法规的综合查询

某大型集团企业，业务涉及很多行业，广泛分布在众多地区。其税务团队在做年度税务筹划时，要考虑不同地区、行业的税收法规差异。比如，该企业在西部地区设有一个从事高新技术产业的子公司，在东部沿海地区设有一个传统制造业子公司。税务团队在 DeepSeek 里输入："对比西部地区高新技术企业和东部沿海地区传统制造业企业税收法，并给出税务筹划建议。"DeepSeek 回答如下。

以下是西部地区高新技术企业与东部沿海地区传统制造业企业在税收法规上的对比分析及相应的税务筹划建议。

一、税收法规对比

税收法规对比如表 1 所示。

表 1　税收法规对比

政策类别	西部地区高新技术企业	东部沿海传统制造业企业
企业所得税优惠	1. 15% 优惠税率：符合《西部地区鼓励类产业目录》的企业，减按 15% 征收企业所得税。 2. 研发费用加计扣除：研发费用按 100% 加计扣除（费用化）或 200% 摊销（资本化）。	1. 一般税率 25%：无区域性优惠，但符合条件的先进制造业企业可享受增值税加计抵减 5%。 2. 研发费用加计扣除政策同样适用，但传统制造业研发投入较低。
增值税优惠	无特殊区域性增值税优惠，但高新技术企业可享受增值税即征即退（如软件产品超税负部分退税）。	1. 先进制造业企业可享受增值税进项税额加计 5% 抵减。 2. 部分传统制造业可能适用出口退税政策。

（续表）

政策类别	西部地区高新技术企业	东部沿海传统制造业企业
区域性政策	1. 叠加政策受限：目前无法同时享受高新技术企业 15% 税率和西部大开发 15% 税率。 2. 海南、横琴等特殊区域另有 15% 税率政策。	部分经济特区（如深圳前海）对先进制造业有税收返还或地方补贴。
其他优惠	1. 亏损结转年限延长至 10 年。 2. 设备购置费用可一次性税前扣除或加速折旧。	1. 设备购置费用一次性扣除政策适用。 2. 地方性财政补贴较多，但需符合产业导向。

二、税务筹划建议

1. 针对西部地区高新技术企业

a. 巧用政策叠加

尽管目前无法叠加高新技术与西部大开发优惠，但可通过优化业务结构（如分拆研发和生产主体）分别适用不同政策。

关注成渝双城经济圈等区域政策试点，争取扩大优惠范围（如提案中的增值税加计抵减扩展至所有高新技术企业）。

b. 争取研发费用最大化

将技术购入费用纳入加计扣除范围（需政策支持）。

合理划分研发阶段，确保费用归集符合税务要求。

c. 利用亏损结转

延长亏损结转至 10 年，适用于前期研发投入大、盈利周期长的企业。

2. 针对东部沿海传统制造业

a. 转型与升级

向先进制造业转型，争取增值税加计抵减 5% 和所得税优惠。

通过技术改造申请高新技术企业认定，享受 15% 税率。

b. 优化增值税管理

增加进项税抵扣（如采购节能设备、获取专用发票）。

利用出口退税政策，降低出口环节税负。

c. 地方政策利用

入驻税收优惠园区，享受地方财政返还（如有限公司奖励扶持 80%）。

申请地方专项补贴（如技术改造基金、绿色制造补贴）。

三、风险与合规提示

1. 资质认定

高新技术企业需确保知识产权、研发费用占比等指标持续合规。

西部企业需符合《西部地区鼓励类产业目录》动态调整要求。

2. 政策衔接

关注政策到期时间（如西部大开发优惠至 2030 年），提前规划后续策略。

避免依赖地方性"税收洼地"，防范《公平竞争审查条例》实施后的政策清理风险。

3. 税务合规

区分财政补贴的税务处理（如与收入挂钩的补贴需缴增值税）。

避免滥用税收优惠，确保业务实质与税收优惠匹配。

| 总结 |

西部地区高新技术企业可依托区域性税率优惠和研发支持政策，而东部沿海地区传统制造业需通过转型或地方补贴降低税负。建议企业结合自身发展阶段和区域政策特点，动态调整税务策略，同时注重合规性和政策衔接风险。具体操作可参考财政部、国家税务总局发布的《我国支持制造业发展主要税费优惠政策指引》。

针对上述问题，检索提示词如何修改才能获得更好的答案呢？试试输入"某大型集团企业，业务涉及很多行业，广泛分布在众多地区。其税务团队在做年度税务筹划时，要考虑不同地区、行业的税收法规差异。比如，该企业在西部地区设有一个从事高新技术产业的子公司，在东部沿海地区设有一个传统制造业子公司。请你对不同地区税收法规进行对比，并给出合法、合理的税务筹划建议，建议需要可落地、可实操，最好有案例加以说明"。修改提问方式后 DeepSeek 给出的答案如下。

一、西部地区与东部沿海地区税收法规差异对比

1. 企业所得税优惠

（1）西部地区

- 高新技术企业：符合条件的高新技术企业可享受 15% 的企业所得税税率（全国统一政策）。

- 西部大开发政策：从事《西部地区鼓励类产业目录（2025 年本）》中新增的 29 类产业（如电子信息、资源精深加工等），可叠加享受 15% 的企业所得税优惠税率。例如，达刚控股的部分子公司因符合该政策已享受 15% 税率优惠。

- 案例：某西部高新技术子公司若同时符合高企和西部大开发政策，其税率可由 25% 降至 15%，节省 40% 的税负。

（2）东部沿海地区

- 传统制造业：通常适用 25% 的企业所得税税率，但若属于"先进制造业"（如智能制造、绿色技术），可享受增值税进项税额加计抵减 5% 的政策。

- 区域性优惠：部分自贸区（如海南）对鼓励类产业企业减按 15% 征收企业所得税。

2. 增值税政策差异

（1）西部地区

无特殊区域性增值税优惠，但可通过高新技术企业资质享受研发费用加计扣除（如职工教育经费按 8% 税前扣除）。

（2）东部沿海地区

- 小规模纳税人优惠：增值税起征点以下企业免征增值税，税率

由 3% 降至 1%。

- 离岛免税政策：海南等地的企业销售免税商品可免征增值税和消费税。

3. 其他政策差异

- 社保费用：西部地区对病残津贴和失业保险参保有额外支持政策。
- 地方性奖励：西部地区政府可能对高企提供最高数十万元的资金奖励。

二、税务筹划建议与实操案例

建议 1：合理利用地区性所得税优惠

（1）西部地区子公司

确保业务符合《西部地区鼓励类产业目录》，例如将电子信息、装备制造等核心业务占比提升至 60% 以上。

案例：某西部子公司通过调整业务结构，新增资源精深加工业务，成功适用 15% 税率，年节税约 500 万元。

（2）东部子公司

若属于传统制造业，可申请"先进制造业"资质，享受增值税加计抵减 5%，降低现金流压力。

建议 2：优化增值税管理

（1）东部传统制造业

拆分业务为小规模纳税人（如成立个体工商户），将年开票额控制在 450 万元以内，综合税负仅 2.7%。

案例：某东部制造业企业通过注册税收园区个体户，将无票支出业务分流，年节省增值税及附加税约 120 万元。

（2）西部高新技术企业

通过研发费用加计扣除（如职工教育经费按 8% 扣除），降低应纳税所得额。

建议 3：关联交易与利润分配

研发中心布局：将高附加值的研发活动集中在西部地区（适用 15% 税率），制造环节留在东部，通过合理定价转移利润。

案例：某集团将研发部门设在西部子公司，制造部门在东部，通过知识产权授权费实现利润转移，整体税负降低 8%。

建议 4：关注税收合规与风险防控

- 高企资质维护：确保高新技术产品收入占比不低于 60%，避免因虚增收入被税务稽查。
- 跨地区业务拆分：避免同一业务在多地重复享受优惠，需符合"实质性运营"要求（如海南自贸港政策）。

| 总结 |

通过结合地区政策差异，企业可采取以下策略。

1. 西部地区：聚焦高新技术与鼓励类产业，叠加高企与西部大开发政策。

2. 东部地区：利用小规模纳税人优惠及先进制造业加计抵减，降低增值税负担。

3. 全局统筹：通过关联交易优化利润分配，同时确保合规性，防范税务风险。

参考案例：某大型集团通过西部子公司承接研发业务（税率15%），东部子公司利用增值税加计抵减政策，整体税负下降12%，年节省税费超2000万元。

通过对比两个答案可以看出，第二个答案明显更具可落地性和可实操性，第一个答案则偏向理论层面。

因为第二个答案明确提出了需要落地实操方法和实际案例，所以DeepSeek给出了更贴合实际的答案。

虽然笔者此处使用该问题作为案例进行分析，但需要注意的是，针对专业性过强的问题不建议单纯依靠咨询AI获取答案。比如在本案例中，AI所给出的一些税务筹划策略在合规性上可能存疑，并且在实际操作细节方面，比如涉及拆分业务和个体户相关的操作等，缺乏深入阐释；一旦运用不得当，就有可能演变为偷税漏税。因此，建议用户在面对此类复杂的专业问题时，进一步咨询专业人士，不可盲目相信AI给出的结果。在此需着重强调，本案例仅用于分析AI在不同场景下的回答表现，不展开任何专业性探讨。

三、DeepSeek 精准检索提示词要点梳理

到底怎么才能给 DeepSeek 输入精准的检索提示词呢？

第一步，明确场景。相较于提出简单问题，不如采用提出案例式问题。你可以把你所处的场景明确阐述出来，这有助于 DeepSeek 理解你的需求。通过上述两个案例可以看出，当我们先明确我们自己的身份和所处场景时，DeepSeek 更容易代入情境、理解需求。

第二步，细化需求。想象 DeepSeek 是你的一位好友，你在向他求助时，提供越具体的信息，越容易得到精准的帮助。以筹备聚会为例，与其只说"帮我筹办一个聚会"，不如详细描述"我周末想在家办一个 5 人左右的小型聚会，预算控制在 500 元以内，希望有适合的活动和餐食推荐"。明确具体的需求，能让沟通更加高效，也更容易达成预期。在上述两个案例中，我们把一个问题掰开揉碎之后，得到的答案更细化、更具体，更贴近需求，且具备可操作性。

第三步，告知要求。需求和要求不一样，需求是你自己心里想的，要求是你表达出来给对方的。还是以筹备聚会为例，需求是你要筹办一场聚会，而要求是你告诉好友，你想让对方帮你筹办一个 5 人左右的小型聚会，预算控制在 500 元以内，希望他推荐适合的活动和餐食。要求是围绕需求展开的。比如在"复杂税收法规的综合查询"场景中，我们要明确告诉 DeepSeek，我们需要税务筹划建议"合法、合理"，"需要可落地、可实操，最好有案例加以说明"，这些都是要求，只有将之明确告知要求以后，DeepSeek 才能做得更好。

为了帮助读者更好地记忆精准检索的三步验证法与精确提示词撰写要点，笔者创作了一首打油诗。

想让 DeepSeek 强，场景先得讲周详。简答不如案例棒，身份处境细端详。

需求细化别发慌，好友帮忙作比方。掰开揉碎问题亮，回答具体有妙方。

要求表达要敞亮，需求之外另开腔。合法实操加案例，明确要求助远航。

初次检索须精挑，政策年份要记牢。行业范围不能少，税种清晰细宣告。

来源查验不可抛，人工智能互对照。反向提问补漏招，全面确认保精准。

动态检索真奇妙，问题不清可微调。范围一缩更聚焦，精准结果即来到。

在财税场景下，DeepSeek 凭借精准检索的先进技术和明显优势，给财税人员提供了一个又快又准的数据查询与分析工具。在查税收法规等方面，它帮了大忙，让财税人员能更好应对复杂的工作环境，有效提升工作效率，决策制定也更具可靠性。

第二章

DeepSeek 数据指挥官：赋能智能数据整理

第一节
快速导入财税数据

在财税工作流程中，数据的收集与导入是最为基础且关键的第一步。DeepSeek 凭借其强大的兼容性与高效的数据处理能力，为财税人员提供了便捷的多渠道数据导入途径。

一、数据源清洗

以最常用的 Excel 数据源为例，在进行数据导入前，我们需要对数据源进行清洗。多数企业使用主流财务软件如用友、金蝶等进行日常财务核算。DeepSeek 支持将从这些软件中直接导出的数据快速导入。以用友为例，用户可在财务软件系统中，按照特定的数据导出格式（如 Excel 格式），将总账、明细账、序时账、记账凭证等数据进行导出；随后，在 DeepSeek 的导入功能界面中，选择对应的文件路径，即可将从用友软件导出的财税数据准确无误地导入 DeepSeek 系统。整个过程操作简单，且能确保数据的完整性和准确性，大大节省了手动录入数据的时间与精力。

需要注意的是，在上传文档之前，务必打开 Excel 进行检查。如果有合并单元格、首行信息不清晰等情况，导出时将会报错。

例如，如图 2-1 所示的这个表格一开始首行格式存在问题，并不能顺利导出数据。

图 2-1　首行格式存在问题无法导出

调整为如图 2-2 所示的格式后，就可以顺利导出数据了。

图 2-2　首行格式调整后可以顺利导出

此外，若 Excel 文档中存在表格主体之外的冗余内容，同样需要予以清理。表格主体之外的冗余内容经财务软件导出后，可能会呈现出如图 2-3 所示的形式。

图 2-3　表格主体之外的冗余内容导出后可能呈现的形式

这些数据能不能保留呢？以智谱清言[1] 为例，保留后这些数据后，软件

---

[1] 智谱清言由清华校友设立的北京智谱华章科技有限公司推出，于 2023 年 8 月 31 日正式上线，在图表能力方面较为优秀。

虽然可以读取这些数据，这些数据也可以被输出为图表，但图表所反映的数据存在偏差。

在保留上述冗余内容的情况下，智谱清言的输出如图 2-4 所示。

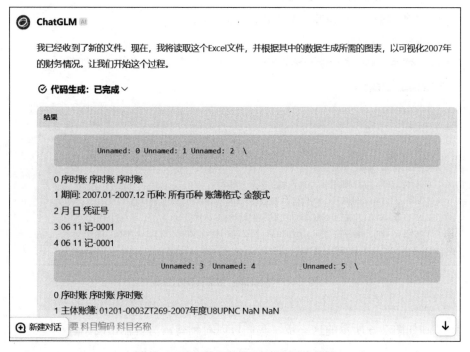

图 2-4　输出图表所反映的数据存在偏差

如图 2-5 所示，我们可以看到智谱清言生成代码的过程。

图2-5 智谱清言生成代码的过程

到如图 2–6 所示的这一步，我们可以看到智谱清言输出的图表。

如图 2–7 所示，当数据出现问题时，智谱清言能够如同人类一般，自动对问题进行修正。

现在我们已经清理了DataFrame，并设置了正确的列名。接下来，我将开始创建图表来展示2007年的财务情况。

为了生成图表，我将采取以下步骤：

1. 提取和汇总全年的收入和支出数据。

2. 创建一个双轴柱状图来展示收入和支出对比。

3. 提取开发成本相关的数据，并创建一个环形图来展示开发成本的构成。

4. 汇总各部门的费用，并创建一个堆叠柱状图来展示各部门费用占总费用的比例。

首先，我将生成收入与支出对比分析的双轴柱状图。为此，我需要确定哪些列代表收入和支出，并计算它们各自的总额。由于借方和贷方列可能代表交易的方向，我将基于这些列来计算收入和支出。让我们开始。

⊘ 代码生成：已完成 ∨

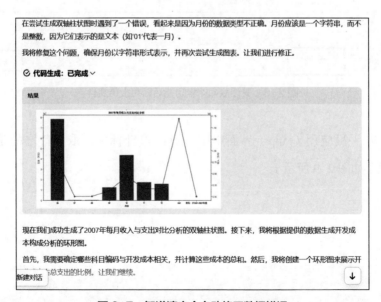

图 2-6　智谱清言输出的图表

在尝试生成双轴柱状图时遇到了一个错误，看起来是因为月份的数据类型不正确。月份应该是一个字符串，而不是整数，因为它们表示的是文本（如'01'代表一月）。

我将修复这个问题，确保月份以字符串形式表示，并再次尝试生成图表。让我们进行修正。

⊘ 代码生成：已完成 ∨

现在我们成功生成了2007年每月收入与支出对比分析的双轴柱状图。接下来，我将根据提供的数据生成开发成本构成分析的环形图。

首先，我需要确定哪些科目编码与开发成本相关，并计算这些成本的总和。然后，我将创建一个环形图来展示开发与总支出的比例。让我们继续。

图 2-7　智谱清言会自动修正数据错误

这时我们会发现，由于一个表外数据未去除，导致 12 月以后还多出一个数据，因此需要去掉冗余内容。

需要注意的是，如果导出的数据科目名称不够清晰，也会导致数据出错。因此，清洗数据源、确保数据源准确是最重要的第一步。

二、导入方式

在 DeepSeek 的网页界面中，右下角有一个回形针图标（如图 2–8 所示）。若直接点击该回形针图标，将会弹出提示"联网搜索不支持上传文件"。因此，正确的操作步骤是，首先点击界面中的"联网搜索"按钮，当该按钮颜色转变为灰色，即表示已关闭联网搜索功能后，再点击回形针按钮，便可进行文件上传操作。

图 2-8　关闭联网搜索功能后即可上传文件

在其手机应用（App）界面中则没有回形针标识，取而代之的是"+"号标识（如图 2–9 所示）。

图 2-9　DeepSeek 手机 App 界面中的"+"号标识

点击"+"号后，可以看到如图 2–10 所示的拍照识文字、图片识文字、文件三种模式。

图2-10 拍照识文字、图片识文字、文件三种模式

在了解在 DeepSeek 中上传文件的具体操作后，接下来我们一同探究如何将 Excel 表格中的数据导入 DeepSeek。

Excel 表格是财税工作中常用的数据存储与整理工具，许多企业会将一些特定的财税数据，诸如费用报销明细、资产折旧计算表等记录在 Excel 表格中。DeepSeek 支持多种格式的 Excel 文件导入。用户在操作时，只需打开 DeepSeek 的数据导入窗口，选择对应的 Excel 文件，系统会自动识别表格中的数据结构，并根据财税数据的特点进行智能分类和导入。例如，对于包含费用明细的 Excel 表格，DeepSeek 能够准确识别其中的日期、费用项目、金额等关键信息，并将这些信息导入相应的财务科目分类中。

三、导入过程中常见问题及解决办法

1. 数据格式不兼容

有时从某些老旧财务软件导出的数据，其格式可能无法与 DeepSeek 直接兼容。遇到这种情况，可使用数据格式转换工具，将数据转换为 Excel 等常见格式后再进行导入。例如，若导出的数据是某特定财务软件独有的格式，可先通过该软件自带的导出功能，将数据转换为 Excel 格式后，再导入 DeepSeek。

2. 数据量过大导致导入缓慢或失败

当需要导入大量财税数据时，系统可能会因资源不足而导入缓慢甚至失败。在这种情况下，可尝试分批导入数据。将大文件拆分成多个小文件，每次导入一部分数据。

例如，如图 2-11 所示，文件[1]已上传完成，但 DeepSeek 提示文件太多、太大，需删减后发送。

---

[1] 为避免隐私数据泄露，又能保证结果可靠可检验，笔者使用了较早年份的某公司真实财务数据。

图 2-11 DeepSeek 提示文件太多、太大，需删减后发送

删减一个文件后，右下角的发送按钮的颜色就变了，可以正常发送指令了（如图 2-12 所示）。

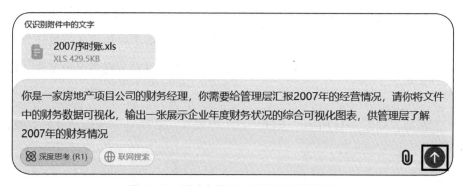

图 2-12 删减文件后，可以正常发送指令

3. 数据权限及隐私问题

需要特别注意的是，出于数据安全与隐私保护考虑，不建议导入涉及私密信息的文件。

总体而言，借助 DeepSeek 快速导入财税数据这一功能，财税人员能够将原本耗费在数据录入环节的大量时间和精力转而投入数据分析与决策支持等核心工作中，这无疑将极大地提高财税工作的效率与质量。

第二节
财务数据可视化

在当下的大数据时代，海量的财税数据若仅以传统的表格形式呈现，财税人员往往难以快速洞察其中的关键信息与趋势，如果将复杂的财税数据转化为直观、生动的可视化图表，则能为财税工作注入全新活力，助力财税人员更高效地进行数据分析与决策。

一、丰富多样的可视化图表类型

1. 柱状图与条形图
这两种图表适用于比较不同财务指标之间的数值大小。

例如，在分析企业各季度的营业收入时，柱状图可以清晰地展示每个季度收入的高低差异，柱子的高度直观地反映了收入数值。

条形图在展示多项费用支出对比时尤为实用，如管理费用、销售费用、财务费用等。不同费用项目以水平条形呈现，方便财税人员一眼看清各项费用的占比与差异，快速识别主要费用支出项目。

2. 折线图

折线图在展示财务数据随时间的变化趋势方面具有独特优势。以企业的年度利润变化为例，各年度的净利润数值以折线连接，能够清晰呈现企业利润的增长或下降趋势。财税人员可以通过折线图轻松判断企业在过去一段时间内的盈利走向，分析利润波动原因，并预测未来利润趋势，为企业的战略决策提供有力依据。

3. 饼图

饼图主要用于展示各部分数据在总体中所占的比例关系。在分析企业的成本结构，如原材料成本、人工成本、制造费用等在总成本中的占比时，饼图能够将各成本项目的占比以扇形区域直观呈现。通过观察饼图，财税人员可以迅速了解企业成本的主要构成部分，从而确定成本控制的重点方向。

4. 散点图

当需要研究两个财务变量之间的关系时，散点图能发挥重要作用。比如，在分析企业的销售额与广告投入之间的关系时，将销售额作为纵坐标，广告投入作为横坐标，每个数据点代表一个特定时期的销售额与广告投入数值。通过观察散点图中数据点的分布情况，财税人员可以判断两者之间是否存在某种关联，如是否呈现正相关关系（随着广告投入增加，销售额上升），为企业市场推广策略的制定提供数据支持。

二、可视化操作流程

1. 选择数据源

在 DeepSeek 的界面中，首要步骤是指定用于生成可视化图表的已清洗过的财务数据源。这些数据源可以是之前导入的财务软件数据、税务系统数据，或者 Excel 表格数据等。通过这一操作，我们即可确定用于可视化分析的数据范围。

2. 确定可视化图表类型 [1]

根据要分析的财务数据特点和目的，从 DeepSeek 提供的丰富图表类型库概念中选择合适的图表。例如，如果要比较不同产品的销售金额，柱状图是较为合适的选择；若想展示企业资产负债结构的比例关系，则应选择饼图。用户在图表类型选择区域点击对应的图表图标，即可选定所需的可视化图表类型。

3. 配置图表参数 [2]

选定图表类型后，需要对图表的各项参数进行配置。这包括设置图表的标题、坐标轴标签、数据系列等。例如，在生成柱状图时，要设定横坐标代表的财务项目（如季度、产品类别等）、纵坐标代表的数值含义（如金额、数量等），并为每个柱子对应的财务数据系列命名。通过合理配置这些参数，确保生成的可视化图表能够准确传达财务信息。

需要注意的是，DeepSeek 本身并不能直接实现财务数据的可视化 [3]，它主要以文本交互的形式提供服务。不过，有以下 3 种实现路径可供选择。

1. DeepSeek+ 其他 AI 工具

DeepSeek 生成图表思路，然后将该思路复制给其他 AI 工具（如智谱清

---

[1] 这一步也可以不发出指令，让 AI 自行判断，对结果不满意再细化要求。
[2] 这一步也可以不发出指令，让 AI 自行判断，对结果不满意再细化要求。
[3] 一些多模态大模型如智谱清言可以直接出图表，图表功能非常优秀。

言），由智谱清言完成图表绘制。

2. 直接使用其他 AI 工具

直接使用智谱清言或其他专业图表类 AI 工具完成可视化过程。

3. DeepSeek+Mermaid[1]

通过 DeepSeek 生成 Mermaid 代码，再使用 Mermaid 网站[2]来获取各类专业图表。

或许有人会疑惑，既然 DeepSeek 不能直接生成图表，笔者为什么还要介绍这项功能呢？原因有两点。一是因为数据可视化必将成为未来数据分析的大趋势，然而财务人员普遍缺乏相关技能，且学习成本较高、耗时较长。在这种情况下，使用 AI 工具是实现快速突破、提升技能的最佳捷径，正如笔者在前言中所述，"淘汰你的不是 AI，是比你更会用 AI 的人"。财税人员一旦学会数据可视化，其沟通协调能力就能大幅提升。二是因为 DeepSeek最出色的推理功能在图表可视化过程中，具有非常独特的优势，且它还能生成代码，结合其他工具就可实现一键出图。

在后文的具体案例中，笔者将会使用上述 3 种方式分别作图，并分析它们各自的优劣性。

---

[1] Mermaid 是一个基于 JavaScript 的图表和图解工具，使用类似 Markdown 的文本语法来创建图表。
[2] 笔者使用的是中文 Mermaid 网站，英文网站比较容易报错，读者朋友也可以多尝试。

三、可视化带来的显著优势

1. 提升数据洞察效率

相比于传统的表格数据呈现方式，可视化图表能够以更直观的方式展现财务信息。这使得财税人员能够在短时间内获取关键数据要点。例如，通过观察一张展示企业年度财务状况的综合可视化图表，财税人员可以同时了解企业的收入、成本、利润、资产负债等多方面信息，快速捕捉到数据中的异常点和趋势变化，大大提高了数据洞察的效率。

2. 增强决策支持能力

可视化的财务数据为企业管理层的决策提供了更有力的支持。通过直观的图表展示，管理层能够更清晰地理解企业的财务状况和经营成果，从而做出更明智的决策。例如，在制定企业下一年度的预算时，管理层可以参考过去几年财务数据的可视化图表，分析各项费用的增长趋势和占比情况，据此合理确定预算额度，实现资源的优化配置。

3. 促进团队沟通与协作

在财税团队内部以及与企业其他部门的沟通协作中，可视化图表能够有效消除因对数据理解差异而产生的障碍。不同部门的人员可能对财务数据的理解程度各异，但通过直观的可视化图表，大家能够更轻松地理解企业的财务状况和业务运营情况，促进部门之间的信息共享与协作。例如，在与销售部门讨论业绩与成本关系时，通过展示相关的可视化图表，财税人员能够更清晰地向销售团队解释成本控制对利润的影响，进而共同探讨提升业绩和优化成本的策略。

借助 DeepSeek 强大的财务数据间接可视化功能，财税人员能够将繁杂且枯燥的数据转化为有价值的信息，为企业的财务管理和决策提供更高效、更精准的支持。

四、场景：决策支持可视化

前面我们已经导入了 2007 年序时账，接下来便要输入指令。如前文所述，我们的提示词要包含"场景""需求""要求"三个部分，因此指令不应该是简单的"使财务数据可视化"。正确的指令构建方式为：首先明确场景，即表述为"你是一家房地产项目公司的财务经理，需要给管理层汇报 2007 年的经营情况"；然后阐述需求"请将文件中的财务数据进行可视化处理"，再细化要求"输出形式不限于比如输出一些柱状图、饼图，供管理层了解 2007 年的财务情况"。DeepSeek 的深度思考如下。

> 好的，我需要帮助用户将 2007 年的财务数据可视化，以便他们向管理层汇报经营情况。首先，我需要仔细理解用户提供的 Excel 文件内容。文件是一个序时账，包含多个月的交易记录，每笔交易都有日期、凭证号、摘要、科目编码、科目名称、辅助项、币种、借方、本币、贷方等信息。
>
> 用户希望将这些数据转化为可视化的图表，如柱状图、饼图等，供管理层了解 2007 年的财务情况。我的第一个挑战是如何从这些详细的数据中提取关键财务指标和分类数据。可能需要关注以下几个方面。
>
> 1. 收入与支出总览：全年各个月份的收入和支出趋势。
>
> 2. 主要支出类别：例如审计费、银行手续费、咨询费等，了解哪些支出占比较大。

3. 项目成本分布：不同项目（如"A"）的成本分配情况。

4. 现金流量分析：现金的流入和流出情况，特别是银行账户的变动。

5. 利润与损益：期间损益结转情况，全年利润的构成。

接下来，我需要确定如何从表格中提取这些数据。例如，可以通过筛选"科目名称"来分类不同的收入和支出项目。例如，"利息收入""银行手续费""审计费"等。对于项目成本，可能需要关注"项目管理档案：A"相关的记录。

在可视化方面，柱状图适合展示时间序列数据，比如各个月份的收入和支出对比。饼图适合展示各类别在总支出或总收入中的占比。折线图可以显示趋势，如现金流的变化。

然而，用户提供的 Excel 表格数据非常庞大，手动处理可能会耗费大量时间。因此，可能需要借助 Excel 的数据透视表或图表功能，或者使用 Python 的 Pandas 和 Matplotlib 库进行数据处理和可视化。如果用户不具备编程能力，Excel 的内置工具可能更合适。

另外，需要注意数据的准确性。例如，检查借方和贷方的金额是否正确，是否存在重复记录或异常值。例如，有些交易可能有"作废"标记，需要排除这些无效记录。

最后，生成的图表需要简洁明了，突出重点，便于管理层快速理解财务状况。可能需要附上简短的文字说明，解释图表的主要发现和建议。

在实施过程中，可能会遇到以下问题。

数据清洗：需要处理缺失值或错误数据。

> 分类标准：如何合理分类不同的财务科目。
>
> 图表选择：如何选择最合适的图表类型来呈现不同的财务指标。
>
> 通过逐步解决这些问题，可以生成有效的财务可视化报告，帮助管理层做出决策。

这段 DeepSeek 的思考逻辑颇为清晰。它从理解数据、明确需求、提取关键数据，到选择工具、保障数据准确及应对潜在问题，全面且细致地规划了将财务数据可视化的流程。

DeepSeek 的回答如下。

以下是基于 2007 年序时账数据的可视化分析，供管理层参考。

1. 全年收入与支出趋势（柱状图）

！［收入与支出趋势］[1]

横轴：月份（1—12 月）。

纵轴：金额（万元）。

关键观察：

- 收入主要集中在 6 月、9 月和 12 月（如投资款、利息收入、工程款回收）；

- 支出在 6 月、9 月、10 月达到峰值（设计费、工程预付款、咨询费）；

---

[1] 因 DeepSeek 主要以文本交互的形式提供服务，并不能直接满足我们可视化的需求，因此它会以一个无法点击的图表按钮的形式进行占位。在页面中所呈现的样式参考图 2-15。——编者注

- 全年净现金流波动较大，需关注大额支出节点的资金安排。

2. 主要支出类别占比（饼图）

! ［支出类别占比］

主要支出类别如下。

- 设计规划费（36%）：设计公司费用。

- 工程款（28%）：市政工程、景观绿化等预付费用。

- 咨询费（15%）：审计、法律、管理咨询等。

- 银行手续费（5%）：频繁转账和外汇交易导致。

- 其他（16%）：低值易耗品、差旅费、行政费用等。

建议：优化设计合同付款节奏，降低集中支付压力。

3. A 项目成本分布（堆叠柱状图）

! ［A 项目成本］

成本构成如下。

- 规划设计（45%）：景观设计、市政规划、效果图制作。

- 工程施工（30%）：高尔夫草圃、拆除工程、装修工程。

- 间接费用（15%）：办公、差旅、通信等。

- 税费（10%）：印花税、土地使用税。

关键问题：设计费占比较高，建议加强设计阶段的成本控制。

4. 现金流量分析（折线图）

! ［现金流量分析］

- 流入：投资款（936 万元）、利息收入（约 2.2 万元）、工程回款

（518万元）。

- 流出：设计费（累计超2000万元）、工程预付款（约459万元）、税费（28.5万元）。
- 净现金流：全年净流出约1200万元，依赖股东注资（股份累计转入超5000万元）。

5.利润构成（条形图）

❗️ ［利润构成］

收入来源：

- 利息收入（–2246元，负值用于冲减费用）；
- 工程款回收（518万元）。

主要费用：设计费（513万元）、咨询费（150万元）、银行手续费（约2万元）。

净利润：全年亏损约328万元（需结合完整损益表确认）。

｜ 总结与建议 ｜

1.资金管理：大额设计费和工程预付款导致现金流紧张，建议分阶段支付或争取更有利的账期。

2.成本优化：设计费占比过高，需引入比价机制；严控低效行政开支。

3.税务筹划：印花税和土地使用税合计占比10%，建议与税务部门沟通优惠政策。

4.项目进度：A 项目投入集中，需加快销售回款以平衡现金流。

如需具体数据或调整分析维度，可进一步提取明细！

可以看到，DeepSeek 不仅给出了图表建议，还针对资金管理、成本优化、税务筹划和项目进度四个方面给出了管理改进建议，其推理能力十分优秀。然而，它无法直接生成图表，因此，需要运用此前提到的两种基于 DeepSeek 的路径来生成图表。

DeepSeek 的思路非常清晰，它省去了人工思考过程，直接告诉我们下一步应生成什么样的图表，实际上是简化了操作流程中"确定可视化图表类型"和"配置图表参数"这两个步骤。

我们首先试一下 DeepSeek 能否直接生成图表。

借助 DeepSeek 生成附带样式的 HTML 代码，随后通过截图或在线转换为 PNG 格式。生成代码后在 DeepSeek 代码区右下角点击"运行 HTML"进行预览并截图。

在上述对话基础上，我向 DeepSeek 发出进一步指令：请用 HTML 格式[1]。

此时，DeepSeek 的回答给出了具体代码（如图 2–13 所示）。

在这一长串代码的末端，出现了"运行 HTML"的按钮（如图 2–14 所示）。

点击后的页面如图 2–15 所示。我们会发现 DeepSeek 生成的图表并不能满足我们对可视化的要求，因此我们一般不使用 DeepSeek 直接生成图表。

---

[1] 因为笔者要比较四种路径，所以补充提问，如果读者一开始就确定路径，也可以在第一次提问中明确。

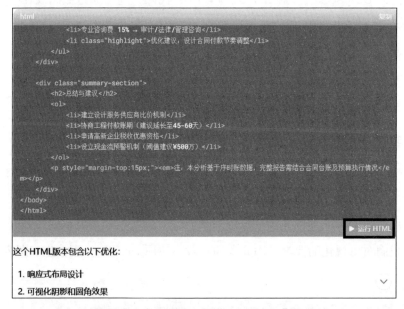

图 2-13　DeepSeek 给出了具体代码

```html
        <li>专业咨询费 15% → 审计/法律/管理咨询</li>
        <li class="highlight">优化建议：设计合同付款节奏调整</li>
    </ul>
</div>

<div class="summary-section">
    <h2>总结与建议</h2>
    <ol>
        <li>建立设计服务供应商比价机制</li>
        <li>协商工程付款账期（建议延长至45-60天）</li>
        <li>申请高新企业税收优惠资格</li>
        <li>设立现金流预警机制（阈值建议¥500万）</li>
    </ol>
    <p style="margin-top:15px;"><em>注：本分析基于序时账数据，完整报告需结合合同台账及预算执行情况</em></p>
</div>
</body>
</html>
```

▶ 运行 HTML

这个HTML版本包含以下优化：

1. 响应式布局设计

2. 可视化阴影和圆角效果

图 2-14　代码末端出现"运行 HTML"按钮

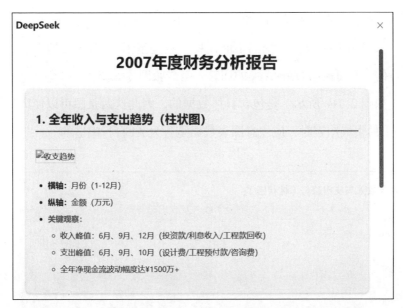

图 2-15 点击"运行 HTML"按钮后的页面无法满足可视化要求

综上所述，仅依靠 DeepSeek 自身无法直接生成图表，需借助第三方工具方能实现图表生成。接下来，我们对比分析 DeepSeek 结合其他 AI 工具与直接使用其他 AI 工具在实际操作中的异同之处。

1. DeepSeek+ 其他 AI 工具

具体操作流程：DeepSeek 生成图表思路，然后将 DeepSeek 的思路复制给其他 AI 工具（以智谱清言为例），由智谱清言完成图表绘制。

操作时，复制此前 DeepSeek 的回答内容，向智谱清言发出"根据以下思路生成图表"的指令。

智谱清言可以直接在对话框出图，方便快捷易操作。但需要注意的是，我们看到 DeepSeek 给出第一张图（如图 2-16a 所示）时，并没有提供具体数据。这是因为我们没有给智谱清言发文件，只是复制了 DeepSeek 的文字。因此，智谱清言生成的这张图不能使用，它是基于 DeepSeek 的定性描述自行编造的 [1]。而根据 DeepSeek 的回答，第二张图（如图 2–16b 所示）和第三张图（如图 2–16c 所示）是包含具体数据的，因此这两张图可以使用。在使用 AI 工具生成图表时，应注意图表数据是否为 AI 自行编造的。

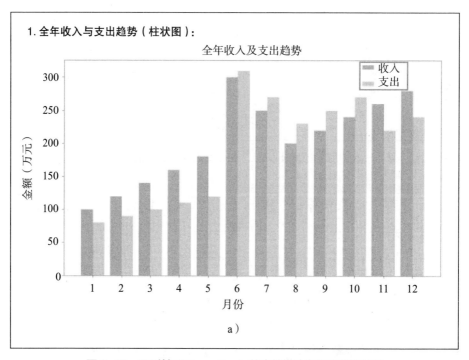

图 2-16 甄别基于 DeepSeek 的定性描述自行编造的图表

---

[1] 在使用 AI 工具时，一定要保持理性分析，不然很容易受到误导。

2.主要支出类别占比（饼图）：

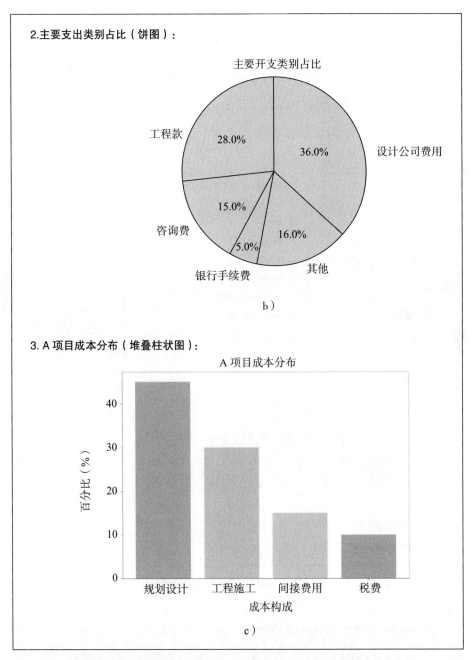

b）

3. A 项目成本分布（堆叠柱状图）：

c）

图 2-16　甄别基于 DeepSeek 的定性描述自行编造的图表（续）

若想保存智谱清言生成的图表，直接在图片上点击鼠标右键，选择"将图像另存为"即可（如图 2-17 所示）。需要注意的是，有时 DeepSeek 给出的答案中有占位符，在这种情况下，智谱清言也难以顺利输出图表。这充分表明，DeepSeek 的数据输出环节以及最初的数据源清洗工作极为关键，直接影响后续图表生成的质量与可用性。

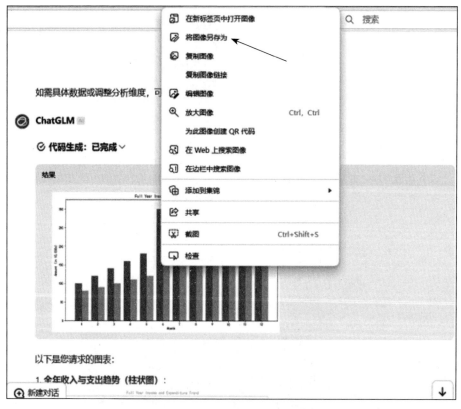

图 2-17　保存智谱清言生成的图表

若仔细回想刚刚 DeepSeek 的回答，我们就会发现，如图 2-18 所示的现金流量分析（折线图）也是由智谱清言自行编造的没有数据支撑的图表。那么，我们是如何得出这个结论的呢？

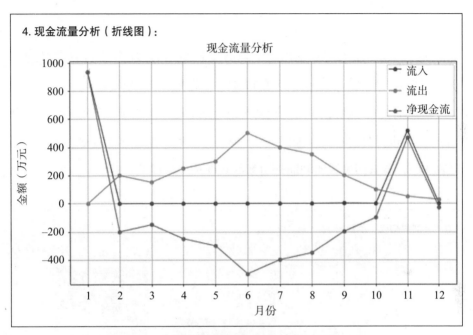

图 2-18　由智谱清言自行编造的没有数据支撑的图表

我们回顾一下 DeepSeek 之前针对这一部分的回答。

4. 现金流量分析（折线图）

！　［现金流量分析］

- 流入：投资款（936 万元）、利息收入（约 2.2 万元）、工程回款（518 万元）。

- 流出：设计费（累计超 2000 万元）、工程预付款（约 459 万元）、税费（28.5 万元）。

- 净现金流：全年净流出约 1200 万元，依赖股东注资（两大股东累计转入超 5000 万元）。

DeepSeek 的回答并未给出每个月的现金流，所以如图 2–18 所示的现金流量分析（折线图）是智谱清言自行编造的图表，不可使用。

若仔细分析 DeepSeek 的回答，我们会发现如图 2–19 所示的利润构成（条形图）也不具有意义。原因在于，实际利润是负数，且在 DeepSeek 的文字表述中，并未明确说明利润是由哪些具体项目构成的。

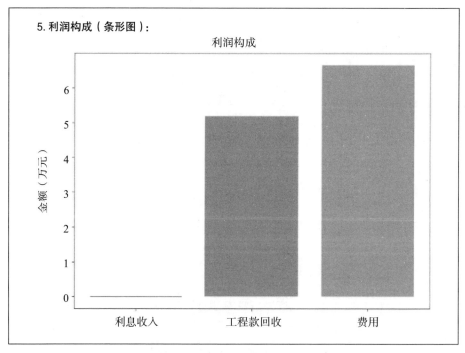

图 2-19　利润构成（条形图）也不具有意义

我们回顾一下 DeepSeek 之前针对这一部分给出的回答。

5. 利润构成（条形图）

！［利润构成］

收入来源：

- 利息收入（–2246 元，负值冲减费用）；

- 工程款回收（518 万元）。

主要费用：设计费（513 万元）、咨询费（150 万元）、银行手续费（约 2 万元）。

净利润：全年亏损约 328 万元（需结合完整损益表确认）。

DeepSeek 与智谱清言协作输出图表的过程如上，经过人工分析与改进，我们可以得到向管理层汇报的图表。比如，在分析过程中，我们发现原有的堆叠柱状图并不适合展示项目成本构成，此时可以要求改为饼图。同时，我们注意到有 3 个图表是由 AI 自行编造的，其内容不实、缺乏实际意义（这再次印证了在实际应用中，单纯依赖 AI 容易出现错误且分析不够深入，只有基于企业实际情况深入思考，将 AI 与人工分析相结合，才能真正发挥人工智能的优势）。

比如，笔者可能会补充向智谱清言提问："绘制饼图以展示成本构成，具体如下。规划设计（45%）：景观设计、市政规划、效果图制作。工程施工（30%）：高尔夫草圃、拆除工程、装修工程。间接费用（15%）：办公、差旅、通信等。税费（10%）：印花税、土地使用税。关键问题：设计费占比较高，建议加强设计阶段的成本控制。"

通过这一指令，智谱清言输出了符合要求的饼图（如图 2–20 所示），以此替代原有的第三张图。

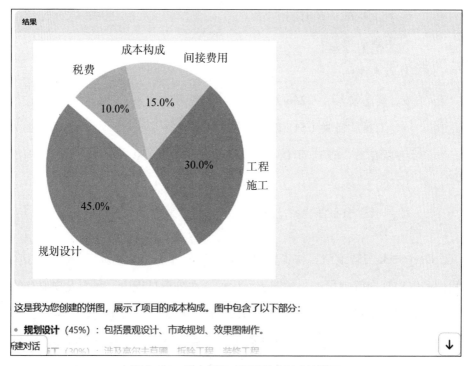

图 2-20 补充提问后得到符合要求的饼图

2. 直接使用其他 AI 工具

笔者尝试直接使用智谱清言完成财务数据的可视化过程。

在智谱清言网页端的左下角，将鼠标悬停在文件夹按钮上（不点击），此时可以看到智谱清言支持上传多种类型的文件，且在文件数量方面也有一定优势（如图 2-21 所示）。点击该文件夹按钮后，我们还是上传 2007 年序时账文件，采用和 DeepSeek 中相同的提示词（如图 2-22 所示）。

图 2-21　支持上传多种类型的文件

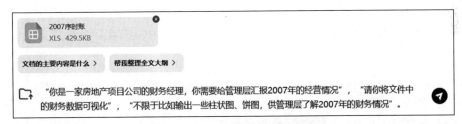

图 2-22　上传文件并填写提示词

　　点击上传后，智谱清言会询问"是否开启云同步"（如图 2-23 所示），这一步的选择主要取决于未来对话是否还要引用该文件中的数据。

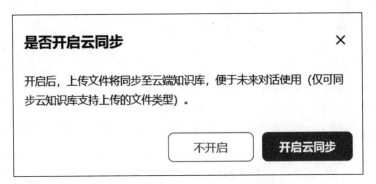

图 2-23　智谱清言询问"是否开启云同步"

需要注意的是，智谱清言当前的 xlrd[1] 库不支持读取 xls[2] 格式的文件。因此，在上传前，需要先将 xls 格式的文件转换为 xlsx 格式的文件。若只是直接更改文件后缀名，虽然该文件可以在 Excel 中打开，但智谱清言无法正确读取。正确的转换方式为：双击打开 Excel 文件，然后点击左上角的"文件"选项，选择"另存为"，在下方格式选项中选择 xlsx 格式进行保存。完成格式转换后，智谱清言便可以顺利读取了。不过，即便智谱清言可以正常输出图表（如图 2-24 所示），但我们会发现该图表并没有实际分析意义。

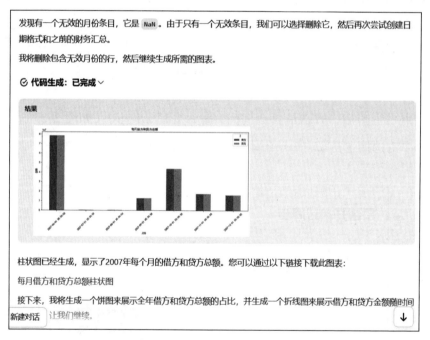

图 2-24　智谱清言输出的此图表没有实际分析意义

---

[1] Python 语言中读取 Excel 的扩展工具。——编者注

[2] Microsoft Excel 使用的一种电子表格文件格式，最早由 Excel 97 及更早版本使用，后来被 xlsx 格式所取代，但仍然被广泛使用。——编者注

智谱清言对借贷双方的总额进行了求和计算。但凡学过会计的读者都知道，会计记账遵循"有借必有贷，借贷必相等"的原则，所以这种求和分析毫无意义，只是在验证是否存在数据差错而已。

综上所述，我们虽然可以直接使用智谱清言输出图表，但因为 DeepSeek 的推理能力胜于其他大模型，所以如果直接使用智谱清言输出图表，建议明确图表类型和图表参数，这样才更容易得到理想结果 [1]。

五、场景：非财务人员协作可视化

在这个场景中，我们使用第三种路径来生成图表，即 DeepSeek+Mermaid。

具体操作流程为：由 DeepSeek 生成 Mermaid 代码，再使用 Mermaid 网站来获取各类专业图表。

我们发出的指令为：你是一家房地产项目公司的财务经理，需要与销售部门讨论业绩与成本的关系。根据提供的账套数据，请展示相关的可视化图表（需求），清晰地向销售团队解释成本控制对利润的影响，并共同探讨提升业绩和优化成本的策略（要求）。使用 Mermaid 语法生成。

DeepSeek 的深度思考如下。

> 好的，我需要帮助用户根据账套数据，生成可视化图表，以便财务经理与销售部门讨论业绩与成本的关系，并解释成本控制对利润的影响。用户还要求共同探讨提升业绩和优化成本的策略。
>
> 可能的步骤：

---

[1] 智谱清言也有"数据分析"智能体。

1.识别关键成本与收入项目：确定哪些成本与销售活动直接相关（如广告费、销售佣金）或间接相关（如设计费、工程款）。

2.时间轴分析：将成本和销售收入按时间分布对比，观察季节性变化或项目阶段的支出。

3.成本效益分析：计算不同成本项目的投入产出比，比如每元广告费带来的销售收入。

4.利润结构分解：展示各项成本占收入的比例，突出成本控制对利润的影响。

可能的图表类型：

堆叠柱状图：按月份展示收入与各类成本，直观显示成本占比。

散点图或气泡图：展示不同成本项目与销售额的关系，识别高效和低效支出。

折线图：趋势分析，比较成本增长与收入增长的速率。

瀑布图：从收入到净利润的逐步分解，显示各成本项的影响。

需要注意的问题：

数据粒度是否足够细分到具体销售相关的成本？

如何将财务术语转化为销售团队易懂的语言？

是否有异常数据需要解释（如大额设计费支付）？

需要验证：

序时账中是否有明确的销售收入记录？例如，是否有"利息收入"之外的收入项目？

成本分类是否准确，能否区分开发成本和销售费用？

可能需要补充：

如果销售数据不明确，需假设或从其他数据推断（如项目进度对应的预售收入）。

明确"销售业绩"指标，如签约额、回款率等，与成本对应。

最后，确保图表清晰标注，并附上简要分析，帮助销售团队理解如何通过成本控制提升利润。

DeepSeek 的回答如图 2-25 所示。

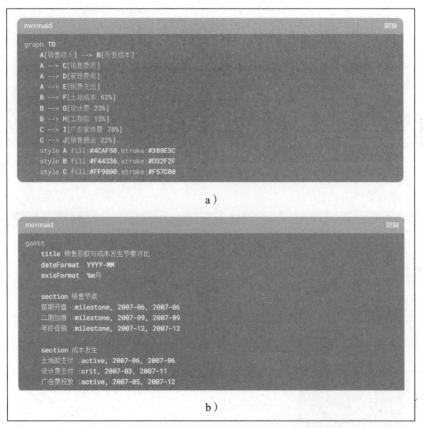

图 2-25　DeepSeek 使用 Mermaid 语法生成的回答

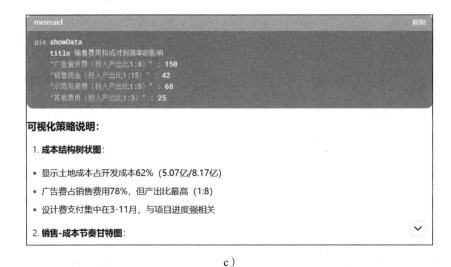

c）

图 2-25　DeepSeek 使用 Mermaid 语法生成的回答（续）

点击图 2-25a、b、c 右上角的复制按钮，会显示复制成功。然后，打开 Mermaid 网页，将刚刚复制的代码粘贴在网页左边的黑色区域（如图 2-26 所示）。

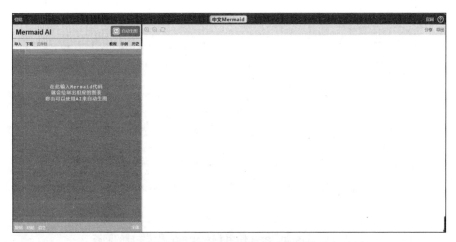

图 2-26　代码粘贴在左边黑色区域

观察发现，第一张图展示的是费用占比情况（如图 2–27 所示），但其呈现形式不尽如人意。此时，我们可以进一步让 DeepSeek 对代码进行优化。发出指令："第一张图反映了什么内容呢？你认为用树状图来呈现合理吗？"（当你不知道哪里有问题时，反问 AI 是一个不错的策略。）

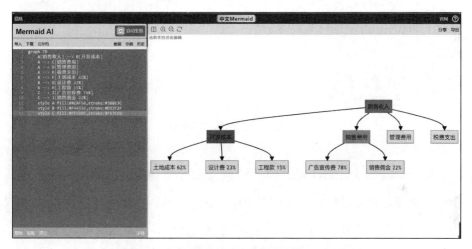

图 2–27　用树状图呈现的费用占比情况不尽人意

第二张图非常出色，它用时间轴清晰地对比了现金流入和现金流出的节奏。若需要获取清晰大图，点击网页右上角的"导出"按钮即可（如图 2–28 所示）。

选择适合的比例和格式导出。

导出后，我们可以从清晰的大图中看到：3 月开始产生成本，5 月开始进行广告费投放，6 月支付土地款的同时项目首期开盘，9 月进行二期加推，12 月开展年终促销活动。这使得非财务人员也能直观地了解地产项目各节点对现金流产生的影响。

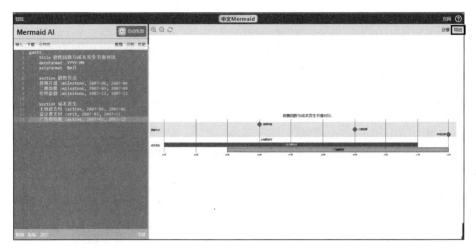

图 2-28 导出出色的时间轴图

第三张图是饼图（如图 2-29 所示），它展示了销售费用构成对利润率的影响，该图也十分出色。通过对四项销售费用对利润率影响的分析可知，广告宣传费的投入产出比为 1∶8，此项的投入比例并不是最高的。然而，由于广告宣传费投入金额较大，在饼图中，其对利润率的贡献超过一半。销售

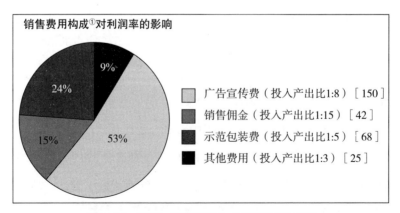

图 2-29 饼图：销售费用构成对利润率的影响

① 图中各费用占比均经过四舍五入处理，因此百分比总和较 100.0% 略有偏差。——编者注

佣金的投入产出比最高，因为销售佣金与收入直接挂钩，每投入 1 元佣金可产出 15 元利润，这说明可以加大拓展渠道方的力度，其对利润的贡献最大。甚至可以考虑从示范包装费和其他费用中腾出部分预算用于销售佣金，原因在于示范包装费和其他费用的投入产出比较低。

回到 DeepSeek 界面，我们发现 DeepSeek 不仅提供了代码，还给出了分析内容。以下这段分析也极具价值。

成本结构树状图：

- 土地成本占开发成本 62%（5.07 亿元 /8.17 亿元）；
- 广告费占销售费用 78%，但产出比最高（1 : 8）；
- 设计费支付集中在 3—11 月，与项目进度强相关。

销售成本节奏甘特图：

- 6 月土地款支付后立即开盘，资金周转效率高；
- 广告费持续投入支撑 9 月、12 月关键销售节点；
- 设计费支付早于销售回款，需优化付款节奏。

费用效益饼图：

- 销售佣金投入产出比最优（每 1 元佣金带来 15 元收入）；
- 示范包装费效率待提升（建议改用数字化展示）；
- 其他费用存在优化空间（差旅、招待费等）。

协同优化建议如下。

动态成本调配：

- 将广告费向高转化渠道倾斜（减少平面广告，增加数字营销）；
- 建立设计费支付与预售进度挂钩机制（如达到 30% 去化支付第

二阶段）。

销售费用重构：

- 采用阶梯式设置佣金比例（如 5% 基础奖励 +3% 超额奖励）；
- 示范区包装改用 VR 技术，预计可降低 60% 的实体搭建成本。

税务协同策略：

- 将部分设计费（875 万元）计入土地增值税加计扣除项；
- 利用开发间接费归集规则，合理分摊利息支出。

数据监控体系：

- 建立周度"费效比仪表盘"（重点监控费用投入、客户到访、签约转化等关键数据）；
- 设置成本预警阈值（当单项目设计费超预算 15% 时自动触发预警）。

DeepSeek 还用 Mermaid 语法生成了间接可视化的改进建议（如图 2–30 所示）。

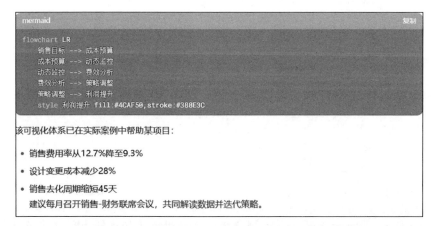

图 2-30　DeepSeek 用 Mermaid 语法生成的改进建议

这段代码可以生成一个简易的改进流程图，可用于PPT展示（如图2-31所示）。

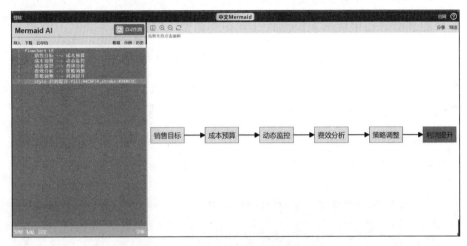

图 2-31　代码生成的简易改进流程图

六、DeepSeek 智能数据整理要点梳理

本章聚焦于 DeepSeek 在财税工作智能数据整理方面的应用，主要涵盖快速导入财税数据和财务数据可视化两大关键板块。

那么，智能数据整理到底怎么操作？

第一步，进行数据源清洗。无论是文件格式、大小，还是 Excel 内部表头和表尾的整理，都至关重要。若没有第一步的数据源清洗工作，后面的每一步都将是徒劳无功。

第二步，数据导入。导入时可能遇到数据格式不兼容、数据量过大和数据权限隐私等问题。不过，通过格式转换、分批导入等方法，这些问题均可得到有效解决。

第三步，财务数据可视化。操作流程包括选择数据源、确定图表类型、配置图表参数后生成图表，用户还能按需调整。财务数据可视化具有提升数据洞察效率、增强决策支持能力和促进团队沟通协作等显著优势。在可视化操作中，有三种方法可使用，分别是 DeepSeek 结合其他 AI 工具（如智谱清言）、直接使用其他 AI 工具（如智谱清言）和 DeepSeek 搭配 Mermaid 使用。

对导入财税数据和可视化，笔者总结了一首打油诗供记忆：

> 智能数据咋整理，首步清洗数据源。
>
> Excel 里表头尾，精心梳理莫轻忽。
>
> 若无此步基础牢，后续皆是枉费力。
>
> 次步数据要导入，格式不兼数据大。
>
> 格式转换来帮忙，分批导入解困局。
>
> 末步可视展数据，智谱清言可同途。
>
> 亦或结合 Mermaid，单用智谱来相助。
>
> 掌握数据整理法，工作高效乐无数。

通过决策支持可视化、非财务人员协作可视化这两个场景，具体演示了如何运用 DeepSeek 进行针对性的财务数据可视化分析，为财税人员提供更高效、精准的财务管理与决策支持工具。

需要注意的是，在数据整理过程中，AI 工具还存在编造数据和内容的情况，需要读者仔细甄别。尽管 AI 在数据清理时可能出现编造数据的状况，但传授相关使用方法依然是有价值的。《论语·述而》有云："择其善者而从之，其不善者而改之。"我们应识别并规避数据编造风险，做到趋利避害，让 AI 切实为数据整理工作赋能。

第三章

DeepSeek 财务分析师：多工具协同高效分析

第一节
关键指标一键生成

在财税工作纷繁复杂的数据海洋中，快速且精准地获取关键财务指标是高效分析的基石。DeepSeek 凭借其先进的算法和智能技术，为财税人员带来了关键指标一键生成的便捷功能，极大地提升了财务分析的效率与准确性。

一、涵盖的关键指标类型

1. 盈利能力指标

DeepSeek 能够一键生成诸如净利润率、毛利率、净资产收益率（ROE）等关键盈利能力指标。以净利润率为例，它通过对企业主营业务收入和净利润数据的快速抓取与计算，直观反映出企业每 1 元主营业务收入能带来的净利润比例。例如，在分析一家制造企业时，财务人员只需将该企业的财务数据导入 DeepSeek，即刻就能得到其净利润率数值，这可以帮助财税人员迅速判断企业的盈利水平与盈利质量。

2. 偿债能力指标

无论是短期偿债能力的流动比率、速动比率，还是长期偿债能力的资产负债率、利息保障倍数，DeepSeek 都能轻松搞定。就拿资产负债率来说，它整合企业的负债总额与资产总额数据，得出企业负债占资产的比重，以此评估企业面临的债务风险。对于一家企业而言，资产负债率是衡量其财务稳健性的重要指标，DeepSeek 的关键指标一键生成功能让财税人员能及时掌握企业的债务负担情况。

3. 运营能力指标

存货周转率、应收账款周转率、总资产周转率等运营能力指标，对于评估企业资产运营效率至关重要。DeepSeek 依据企业的存货数据、应收账款数据以及资产数据，快速计算出这些周转率指标。例如在零售行业，存货周转率能够反映企业的存货管理水平和销售效率，DeepSeek 能一键生成该指标，协助财税人员分析企业库存运营状况，为优化库存管理提供数据支持。

二、操作流程

1. 数据导入

财税人员首先要将整理好的企业财务数据，如财务报表、序时账等，按照 DeepSeek 的数据格式要求进行导入。

2. 定制指标需求

用户可根据自身的财务分析目标，明确选定需要生成的具体指标。例如，若重点关注企业的短期偿债能力，便可选择生成流动比率、速动比率；若要评估企业整体运营效率，则可选择总资产周转率等指标。同时，用户还能根据企业实际经营情况，灵活设置指标计算的时间范围、数据来源等参数。

三、生成财务分析报告

为了对比不同行业的情况，我们换一个行业和场景。以某跨境电商上市公司公布的年度财务报表为例，将年报上传后，下达指令："你是一个 A 股股民，想了解这家上市公司的财务状况。请对该公司进行财务分析，涵盖盈利能力、偿债能力、运营能力等指标，希望既有翔实的分析内容，又有直观的可视化图表，且内容要完整、严谨。"（建议针对新问题发起新对话，以免 AI 混淆信息和指令。）

DeepSeek 的深度思考如下。

> 好的，我需要帮助用户对这家上市公司的财务状况进行全面分析，包括盈利能力、偿债能力、运营能力等指标，并且需要包含可视化图表。首先，我需要仔细理解用户提供的 Excel 文件内容，包括各个工作表的数据结构。
>
> 首先，查看工作表 1，它包含了一些关键财务指标的年度对比，如营业收入、净利润、现金流量等，以及调整前后的数据。这可能是利润表和资产负债表的部分汇总。我需要提取这些数据来计算盈利能力指标，如毛利率、净利润率等。
>
> 接下来是工作表 2，看起来像资产负债表，分为流动资产和非流动资产，流动负债和非流动负债，以及所有者权益部分。需要从这里提取资产总额、负债总额、所有者权益等数据，计算偿债能力指标，

如流动比率、速动比率、资产负债率等。

工作表 3 似乎是利润表的详细内容，包括营业收入、营业成本、各项费用、净利润等。这可能用于更详细的盈利能力分析，比如费用占比分析，净利润的构成等。

工作表 4 是现金流量表，分为经营活动、投资活动和筹资活动的现金流量。这有助于分析公司的现金流状况，评估运营能力和财务灵活性。

接下来，我需要确定具体的财务指标。

1. 盈利能力分析：

毛利率＝（营业收入－营业成本）/营业收入

净利润率＝净利润/营业收入

净资产收益率＝净利润/平均净资产

每股收益（EPS）

2. 偿债能力分析：

流动比率＝流动资产/流动负债

速动比率＝（流动资产－存货）/流动负债

资产负债率＝总负债/总资产

3. 运营能力分析：

应收账款周转率＝营业收入/平均应收账款

存货周转率＝营业成本/平均存货

总资产周转率＝营业收入/平均总资产

此外，还需要进行趋势分析，比较 2023 年与 2022 年的数据变化，查看各项指标的增长或下降趋势，并分析原因。

关于可视化图表，可能需要以下图表。

折线图或柱状图显示营业收入、净利润的年增长情况。

饼图显示各项费用在营业总成本中的占比。

柱状图比较流动比率、速动比率和资产负债率。

折线图展示应收账款周转率和存货周转率的变化。

需要注意的是，用户提供的数据中有些调整前后的数值，需要明确使用调整后的数据进行分析，以确保准确性。同时，需要验证数据的完整性和一致性，例如总资产是否等于负债加所有者权益，现金流量表是否平衡等。

在分析过程中，如果发现某些数据异常或需要进一步解释的地方，应提出疑问或假设，并在最终报告中说明这些假设的合理性。

最后，整理分析结果，形成结构化的报告，包含文字分析和对应的图表，确保内容完整且易于理解。

从这段深度思考中可以看出 DeepSeek 强大的推理能力，在没有表头的情况下，它能准确分辨出资产负债表、利润表和现金流量表，同时能够理解什么是财务分析，应包含哪些重要指标。

DeepSeek 的回答如下。

| 上市公司财务分析报告 |

一、盈利能力分析

1.核心指标

- 营业收入：2023 年达 1750.72 亿元，同比增长 22.85%（2022 年

为 1425.05 亿元)。

- 净利润：归母净利润为 161.49 亿元，同比增长 41.22%（2022 年为 114.35 亿元)。

- 毛利率：

$$毛利率 = \frac{1750.72-988.53}{1750.72} \times 100\% = 43.5\%$$

同比提升（2022 年毛利率为 40.2%）。

- 净利润率：

$$净利率 = \frac{161.49}{1750.72} \times 100\% = 9.2\% \qquad （2023 年）$$

同比提升（2022 年为 8.0%）。

- 净资产收益率：21.88%（2023 年），同比提升 4.07 个百分点。

2. 趋势与原因

- 净利润增速快于收入增速，主要因销售费用率下降（2023 年销售费用占收入为 22.2%，2022 年为 20.6%）和投资收益增加（2023 年投资收益为 7.15 亿元，同比减少但公允价值变动收益贡献显著)。

- 扣非净利润同比增长 71.88%，显示主业盈利能力增强。

3. 可视化图表

！［盈利能力趋势图］

（注：横轴为年份，纵轴为金额，柱状图显示营业收入，折线图显示净利润增长率。）

二、偿债能力分析

1. 核心指标

- 流动比率：

$$流动比率 = \frac{917.50}{342.12} = 2.68 \qquad （2023 年）$$

高于 2022 年的 3.27，流动性有所下降但仍健康。

- 速动比率：

$$速动比率 = \frac{917.50 - 241.13}{342.12} = 1.98 \qquad （2023 年）$$

同比略有下降（2022 年为 2.44）。

- 资产负债率：

$$资产负债率 = \frac{461.54}{1277.67} \times 100\% = 36.1\% \qquad （2023 年）$$

同比上升（2022 年为 31.5%），但仍在安全范围内。

2. 趋势与风险

- 负债总额增长 44.8%（2023 年为 461.54 亿元，2022 年为 318.80 亿元），主要因短期借款增加（2023 年为 26.98 亿元，2022 年为 15.90 亿元）和应付账款上升（2023 年为 115.93 亿元，2022 年为 72.91 亿元）。

- 非流动负债中，长期借款稳定（61.07 亿元），但租赁负债增加（2023 年为 6.92 亿元，2022 年为 4.80 亿元）。

3. 可视化图表

！［偿债能力对比图］

（注：柱状图对比 2022 年与 2023 年的流动比率、速动比率和资产负债率。）

三、运营能力分析

1. 核心指标

- 应收账款周转率：

$$应收账款周转率 = \frac{1750.72}{(152.78+122.24)/2} = 12.7 \text{ 次 / 年} \qquad （2023 年）$$

同比提升（2022 年为 11.6 次 / 年）。

- 存货周转率：

$$存货周转率 = \frac{988.53}{(241.13+147.98)/2} = 5.1 \text{ 次 / 年} \qquad （2023 年）$$

同比下降（2022 年为 6.2 次 / 年），需关注库存积压风险。

- 总资产周转率：

$$总资产周转率 = \frac{1750.72}{(1277.67+1013.19)/2} = 1.53 \qquad （2023 年）$$

效率保持稳定。

2. 现金流分析

- 经营活动现金流净额：142.99 亿元（2023 年），与净利润匹配度较高（净现比 0.88）。

- 投资活动现金流：净流出 44.51 亿元，主要用于购建长期资产

（7.03 亿元）和支付其他投资（313.00 亿元）。

- 筹资活动现金流：净流出 61.32 亿元，因偿还债务（43.83 亿元）和分配股利（53.83 亿元）。

3. 可视化图表

！［运营效率对比图］

（注：折线图展示应收账款周转率与存货周转率变化。）

四、总结与建议

1. 优势：

- 盈利能力持续提升，净资产收益率和净利润率均处于行业较高水平；
- 现金流健康，经营活动造血能力强。

2. 风险：

- 存货周转率下降，需优化供应链管理；
- 负债规模扩大，需关注短期偿债压力。

3. 投资建议：

- 短期关注库存去化进度和销售费用控制；
- 长期依托高净资产收益率和现金流优势，具备持续增长潜力，建议持有或逢低增持。

注：以上分析基于调整后数据，图表需根据实际数据工具（如 Excel）生成。

上述回答给出了非常详细的各项财务指标以及分析建议，但看起来信息量太大了。为使内容更为直观，我们接下来将其进一步可视化（参考第二章内容）。向智谱清言发出指令：根据以上文字和数据输出图表，不要编造不存在的内容和数据，根据智谱清言的弱点改进提示词。

从生成的图（如图 3-1 所示）中，我们会发现营业收入在增长，但是净利润增长率却大幅下降，我们回头去看 DeepSeek 给出的数据，会发现 2022年根本没有给出净利润增长率，只有 2023 年的净利润增长率，是无法绘制出这条折线的。由此可见，这个数据又是智谱清言编造的。我们要仔细甄别，并不是改了提示词就可以高枕无忧。这时，我们可以补充指令：把第一张图中的净利润增长率改为净利润。

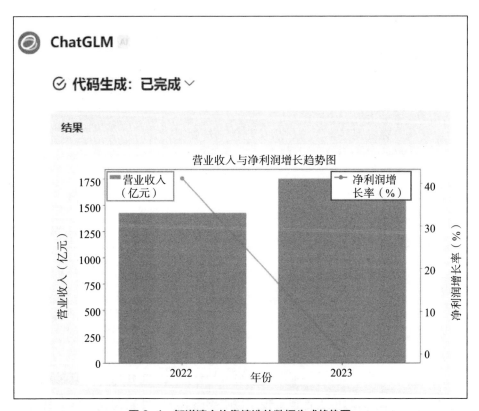

图 3-1　智谱清言依靠编造的数据生成趋势图

补充提问后重新生成的图（如图 3–2 所示）才是有价值的。结合
DeepSeek 的文字表述，就能形成初步的汇报材料。

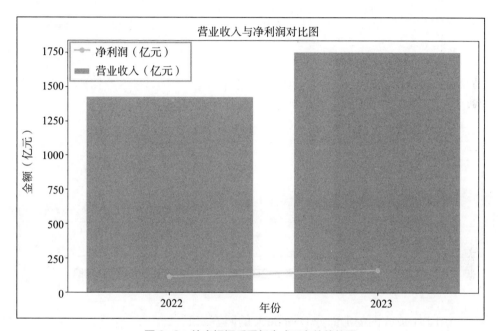

图 3-2　补充提问后重新生成了有价值的图

智谱清言绘制出的第二张图是 2022 年与 2023 年的流动比率、速动比率
和资产负债率对比图（如图 3–3 所示）。同样，我们需要结合 DeepSeek 此前
的回答对该图进行分析。

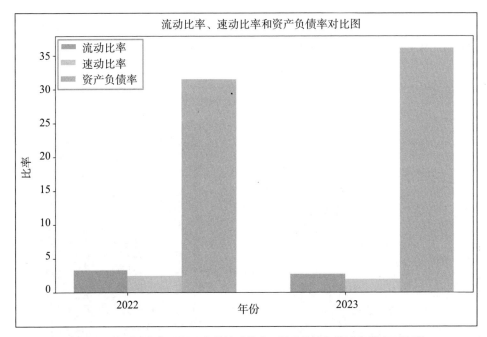

图 3-3　2022 年与 2023 年的流动比率、速动比率和资产负债率对比图

用于生成此图的那部分 DeepSeek 的回答如下。

1. 核心指标

◆ **流动比率：**

$$流动比率 = \frac{917.50}{342.12} = 2.68 \qquad （2023 年）$$

高于 2022 年的 3.27，流动性有所下降但仍健康。

◆ **速动比率：**

$$速动比率 = \frac{917.50 - 241.13}{342.12} = 1.98 \qquad （2023 年）$$

同比略有下降（2022 年为 2.44）。

◆ **资产负债率：**

$$资产负债率 = \frac{461.54}{1277.67} \times 100\% = 36.1\% \qquad （2023 年）$$

同比上升（2022 年为 31.5%），但仍在安全范围内。

2. 趋势与风险

- 负债总额增长 44.8%（2023 年为 461.54 亿元，2022 年为 318.80 亿元），主要因短期借款增加（2023 年为 26.98 亿元，2022 年为 15.90 亿元）和应付账款增加（2023 年为 115.93 亿元，2022 年为 72.91 亿元）。

- 非流动负债中，长期借款稳定（61.07 亿元），但租赁负债增加（2023 年为 6.92 亿元，2022 年为 4.80 亿元）。

3. 可视化图表

！偿债能力对比图

（注：柱状图对比 2022 年与 2023 年的流动比率、速动比率和资产负债率。）

如图 3-4 所示，如果需要回到之前的对话，可以在智谱清言界面的左下角找到历史对话入口。绝大多数 AI 工具都可以回到历史对话。

图3-4 左下角找回历史对话

回到历史对话后，我们可以看到智谱清言输出的第三张图，即应收账款与存货周转率趋势图（如图3-5所示）。

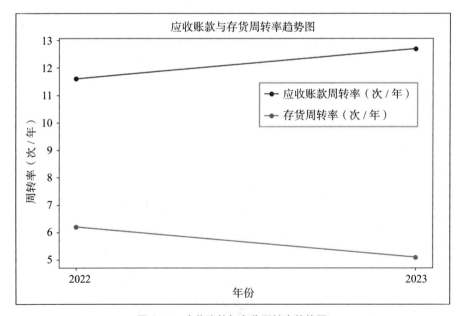

图3-5 应收账款与存货周转率趋势图

用于生成此图的那部分 DeepSeek 的回答如下。

运营能力分析

核心指标

◆ **应收账款周转率：**

$$应收账款周转率 = \frac{1750.72}{(152.78+122.24)/2} = 12.7 \text{ 次 / 年} \quad （2023 年）$$

同比提升（2022 年为 11.6 次 / 年）。

◆ **存货周转率：**

$$存货周转率 = \frac{988.53}{(241.13+147.98)/2} = 5.1 \text{ 次 / 年} \quad （2023 年）$$

同比下降（2022 年为 6.2 次 / 年），需关注库存积压风险。

◆ **总资产周转率：**

$$总资产周转率 = \frac{1750.72}{(1277.67+1013.19)/2} = 1.53 \text{ 次 / 年} \quad （2023 年）$$

效率保持稳定。

结合 DeepSeek 此前的回答，我们会发现图中没有呈现总资产周转率，原因是 DeepSeek 没有给出 2022 年的总资产周转率，无法作图。我们可以要求 DeepSeek 算出 2022 年的总资产周转率，然后再将数据提供给智谱清言，要求它在第三张图中补充总资产周转率的折线。

DeepSeek 给出的 2022 年总资产周转率计算过程如下。

2022 年总资产周转率计算过程

1. 公式

$$总资产周转率 = \frac{营业收入}{平均总资产} = \frac{营业收入}{\dfrac{期初总资产 + 期末总资产}{2}}$$

2. 数据提取

◆ **2022 年营业收入（调整后）**：1425.05 亿元（数据来源于工作表 1）。

◆ **2021 年末总资产（调整后）**：847.47 亿元。

◆ **2022 年末总资产（调整后）**：1013.26 亿元。

3. 计算平均总资产

$$平均总资产 = \frac{847.47 + 1013.26}{2} = 930.37 \text{ 亿元}$$

4. 计算总资产周转率

$$总资产周转率 = \frac{1425.05}{930.37} \approx 1.53 \text{ 次 / 年}$$

结论：

2022 年总资产周转率为 **1.53 次 / 年**，表明公司每 1 元总资产可创造约 1.53 元的收入，资产运营效率较高且与 2023 年（1.53 次 / 年）持平。

需要注意的是，多数 AI 模型在同一对话中存在对话记忆次数上限，随着对话轮次增加，会忘记同一对话中之前的内容。怎么看出它已经忘记了之前的内容呢？比如当我们向智谱清言补充 2022 年的总资产周转率数值后，它虽然绘制了图表，但在文字描述中（如图 3-6 所示）却提到："请注意，应收账款周转率和存货周转率的数据是假设的，仅用于示例。"这说明它已经忘了之前的数据，这时你需要重新补充给它。

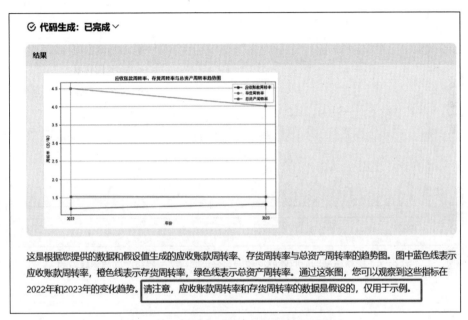

图3-6 智谱清言已经忘记之前提供的数据

补充数据之后，智谱清言重新绘制了应收账款周转率、存货周转率与总资产周转率趋势图（如图3-7所示）。这张图就可以使用了。

一旦通过 DeepSeek 完成关键财务指标的一键生成，财务人员便掌握了深入剖析企业财务状况的有力抓手。在此基础上，DeepSeek 能够进一步生成全面且极具价值的深度财务分析报告，为企业管理层提供高水准的决策支持。

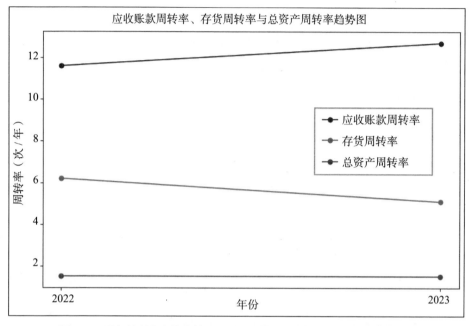

图 3-7　重新绘制的应收账款周转率、存货周转率与总资产周转率趋势图

第二节

用多种 AI 工具生成
不同形式的财务分析报告

一、智谱清言生成 PPT

延续之前的"跨境电商上市公司年度财务报表分析"场景，我们可以把图文内容提供给智谱清言的"清言 PPT"智能体（如图 3–8 所示）。

图 3-8 "清言 PPT"智能体

如图 3-9 所示，在左下角点击文件夹图标，上传刚刚绘制的图表。

接下来，在文本框粘贴此前 DeepSeek 的回答（如图 3-10 所示）。

图 3-9 上传刚刚绘制的图表

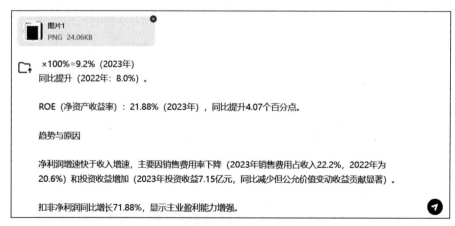

图 3-10 在文本框粘贴此前 DeepSeek 的回答

如图 3-11 所示，智谱清言会根据接收到的内容输出大纲，我们可以对大纲进行修改。修改后，点击界面右上角的"生成 PPT"按钮。

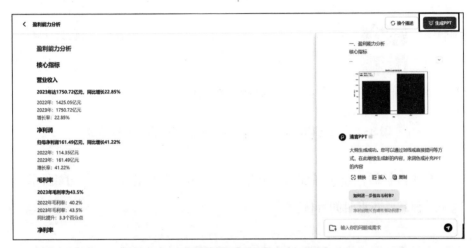

图 3-11　智谱清言会根据发送的内容输出大纲

如图 3-12 所示，我们选择一套适合的 PPT 模板。

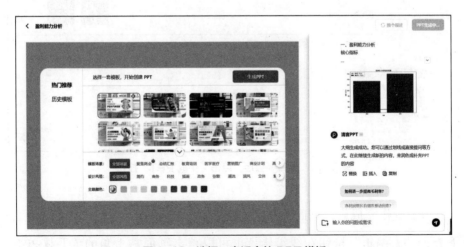

图 3-12　选择一套适合的 PPT 模板

如图 3–13 所示，智谱清言可以根据用户设定的模板场景、设计风格和主题颜色进行 PPT 模版推荐。

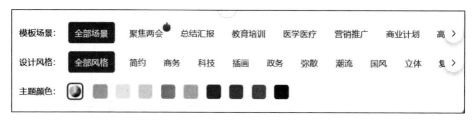

图 3-13　根据模板场景、设计风格和主题颜色推荐 PPT 模版

选择模板后，点击界面右上角的"生成 PPT"按钮（如图 3–14 所示）。这一过程需要花点时间等待。

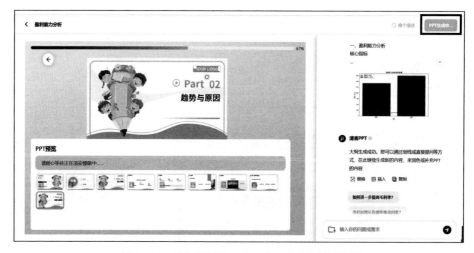

图 3-14　选择模板后，点击"生成 PPT"按钮

PPT 制作完成后，页面会提示"PPT 制作已完成"。此时可以点击页面下方的"去编辑"按钮在线编辑，也可以点击页面右上角的"下载 PPT"

按钮，下载 PPT 后进行本地编辑（如图 3-15 所示）。当前，很多主流平台的 PPT 生成功能都需要会员权限，比如 WPS 虽然也有 AI 生成 PPT 的功能，但同样需要用户开通会员权限后使用（截至 2025 年 3 月 17 日，接入 DeepSeek-R1 深度思考模型的 WPS 灵犀网页版生成 PPT 时不需要会员）。

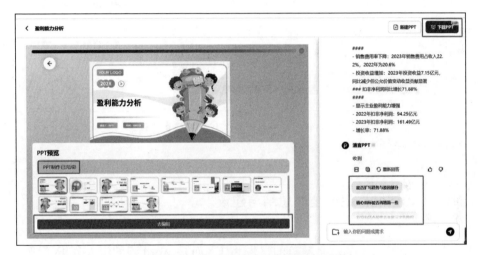

图 3-15　PPT 制作完成后有两种编辑方法

如果对这次生成的 PPT 不满意，可以点击页面左下角方框区域内的每张 PPT 查看大图，还可以在右侧文本框内提出改进意见（如图 3-16 所示）。比如，经过查看后，笔者发现每页的内容太少，所有内容其实只需要占一页，于是笔者发出指令：每页的内容太少了，看起来不精美，把所有内容集中在一页即可。随后，智谱清言给出了新的内容建议。

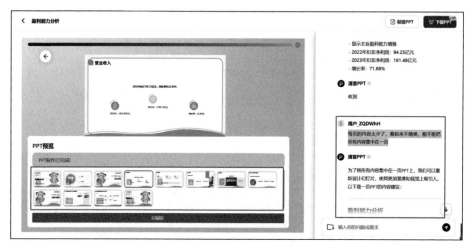

图 3-16　进一步查看并改进 PPT 的方法

二、DeepSeek 生成全面总结与建议

如果我们需要的不是精美的报告 PPT，而是 Word 版的深入分析，那么我们可以回看 DeepSeek 给出的全面总结与建议，具体如下。

总结与建议

优势

盈利能力持续提升，净资产收益率和净利润率均处于行业较高水平。

现金流健康，经营活动造血能力强。

风险

存货周转率下降，需优化供应链管理。

负债规模扩大，需关注短期偿债压力。

投资建议

短期：关注库存去化进度和销售费用控制。

长期：依托高净资产收益率和现金流优势，具备持续增长潜力，建议持有或逢低增持。

由此可见，场景设置的意义在于，DeepSeek 会给出增持的建议，如果换个场景，比如作为财务总监关注公司内部风险，那么 DeepSeek 给出的建议也会不同。例如，我们补充提问：如果你是这家公司的财务总监，你认为公司面临的风险和解决方案是什么？

DeepSeek 的深度思考如下。

好的，我需要分析用户的问题，即作为公司的财务总监，指出公司的风险并提出解决方案。首先，我需要回顾之前提供的财务数据，了解公司的财务状况。

从之前的财务分析中，我注意到以下几点：

1. 存货周转率下降：2023 年的存货周转率从 2022 年的 6.2 次 / 年下降到 5.1 次 / 年，可能存在库存积压风险。

2. 负债规模扩大：2023 年负债总额增长 44.8%，尤其是短期借款和应付账款增加明显。

3. 流动比率和速动比率下降：虽然仍在合理范围内，但流动比率从 3.27 下降到 2.68，速动比率从 2.44 下降到 1.98，显示短期偿债能力有所减弱。

4. 投资活动现金流净流出增加：2023 年投资活动现金流净流出

44.51 亿元，主要用于购建长期资产和其他投资支付。

5. 筹资活动现金流净流出：2023 年筹资活动现金流净流出 61.32 亿元，主要因偿还债务和分配股利。

作为财务总监，需要从这些数据中识别主要风险，并提出相应的解决方案。可能的风险包括以下几个方面。

库存管理不善：存货周转率下降可能导致资金占用增加，影响流动性。

债务压力增加：短期负债增长可能增加偿债压力，尤其是在利率上升的环境下。

现金流管理风险：投资和筹资活动的现金流出可能影响公司的现金储备。

盈利能力依赖非经常性收益：虽然净利润增长显著，但需关注是否过于依赖非经常性收益。

接下来，需要逐一分析这些风险，并提出具体的解决方案。例如，针对库存周转率下降，可以优化供应链管理或促销策略；针对债务压力，可以调整债务结构或增加长期融资等。需要确保解决方案切实可行，并符合公司的整体战略。

在思考过程中，还需要验证数据的准确性和假设的合理性，比如确认存货周转率的计算是否正确，负债增长的具体原因是否可持续等。此外，还需考虑行业特点和市场环境，确保提出的建议具有针对性。

最后，需要将分析结果以清晰、专业的方式呈现，确保用户（假设为公司管理层或股东）能够理解并采取相应措施。

DeepSeek 的回答如下。

| 作为财务总监的风险分析与解决方案 |

一、主要风险识别

1. 库存积压风险

- 表现：2023 年存货周转率从 6.2 次 / 年降至 5.1 次 / 年，库存金额达 241.13 亿元（同比增长 62.9%）。

- 影响：占用流动资金，增加仓储成本，可能导致存货减值风险。

2. 短期偿债压力上升

- 表现：流动比率从 3.27 降至 2.68，速动比率从 2.44 降至 1.98；短期借款增长 70%（2023 年为 26.98 亿元，2022 年为 15.90 亿元）。

- 影响：若市场环境恶化或现金流波动，可能面临流动性危机。

3. 债务结构失衡

- 表现：负债总额增长 44.8%（2023 年为 461.54 亿元，2022 年为 318.80 亿元），其中应付账款增长 59%（2023 年为 115.93 亿元，2022 年为 72.91 亿元）。

- 影响：较高比例的短期负债可能会推高财务成本，增加再融资压力。

4. 投资活动现金流出过大

- 表现：2023 年投资活动净流出 44.51 亿元（同比收窄），但累计投资支付达 313 亿元，主要用于非核心资产扩张。

- 影响：可能分散资源，降低主业投入效率。

5. 盈利质量依赖非经常性收益

- 表现：2023 年公允价值变动收益 18.35 亿元，占净利润的 11.4%。
- 影响：若市场波动导致投资收益下滑，可能影响利润稳定性。

二、针对性解决方案

1. 优化库存管理

措施：

实施动态库存监控系统，根据销售预测调整采购计划；

对滞销品开展促销活动或折价处理，加速库存周转；

与供应商协商准时制（JIT）供货，减少原材料囤积。

目标：2024 年存货周转率提升至 5.5 次 / 年以上。

2. 调整债务结构与融资策略

措施：

将部分短期借款置换为长期低息债券（如发行 5 年期公司债）；

延长应付账款账期，与核心供应商签订战略合作协议；

利用经营性现金流优势，提前偿还高利率债务（如利率＞5% 的短期贷款）。

目标：2024 年流动比率恢复至 2.8 以上，财务费用率降低 0.5 个百分点。

3. 强化现金流管理

措施：

建立现金流压力测试模型，预留至少 3 个月营运资金缓冲（约 200 亿元）；

限制非战略性投资，优先保障主业研发与产能升级（如将投资预算的 70% 投向核心业务）；

优化股利分配政策，留存更多利润用于偿债和再投资。

目标：2024 年自由现金流净额同比提升 15%。

4. 提升盈利质量与可持续性

措施：

加强主业盈利能力，将销售费用率从 22.2% 压缩至 20% 以内（如通过数字化营销降本）；

控制金融资产投资规模，限制非主业衍生品交易；

推动高毛利产品线扩张（如 2023 年毛利率 43.5%，可进一步提升至 45%）。

目标：2024 年扣非净利润占比从 79.5%（2023 年）提升至 85% 以上。

三、长期战略建议

1. 数字化转型

引入 AI 驱动的财务预测系统，实时监控库存、现金流及偿债指标。

通过区块链技术优化供应链金融，降低应付账款融资成本。

2.ESG 整合

将 ESG（环境、社会、治理）指标纳入财务决策，如发行绿色债券替换高碳负债，提升融资优势。

3. 全球化风险管理

对冲外汇与大宗商品价格波动风险（如利用远期合约锁定原材料成本）。

四、预期成效

短期（1 年内）：流动性压力缓解，库存周转率回升，财务成本下降。

中期（2—3 年）：债务结构优化，主业盈利稳定性增强，净资产收益率维持在 20% 以上。

长期（5 年）：成为行业现金流管理标杆企业，具备抗周期波动能力。

┃ 总结 ┃

通过精细化运营、债务重构与战略聚焦，公司可在控制风险的同时，实现可持续增长。作为财务总监，需定期向董事会汇报关键指标进展，动态调整策略以应对市场变化。

由此可见，提问所设定的场景、提出的需求和要求，都会影响财务分析的结果。

再换一个场景，我们可以提问：假设你是资深证券分析师（场景），要针对这家公司撰写一份深入的财务分析报告（需求），希望报告能够在 2000 字以上，并涵盖以下内容。

- **指标综合解读**：输出深度财务分析报告，而非简单罗列关键指标，需要对其进行深入解读。例如，在解读净利润率指标时，不仅要呈现该指标的数值，还应将其与行业均值、企业过往年度数据进行对比分析。若公司本年度净利润率低于行业均值，报告应深入探究可能的原因，如成本过高、产品定价不合理或者市场份额下降等因素。应通过这种综合解读，使企业管理层清晰了解自身在行业中的竞争力水平以及盈利趋势的变化。

- **财务状况全景呈现**：报告应全方位展示企业的财务状况，涵盖资产、负债、所有者权益各个方面。对于资产部分，应详细分析各类资产的构成及变动情况，如固定资产的增减是否与企业的扩张战略相符，存货的规模是否合理等。在负债方面，报告应评估企业的债务结构，包括短期债务与长期债务的比例，以及债务的到期期限分布，帮助管理层判断企业的偿债压力和债务风险。对于所有者权益，应分析其来源及变动原因，如利润留存、股东增资等对权益的影响。

- **现金流分析**：现金流是企业的血液，深度财务分析报告应对现金流进行重点剖析。报告不仅应呈现企业经营活动、投资活动和筹资活动产生的现金流量净额，还应分析现金流量的质量。例如，通过经营活动现金流量与净利润的对比，判断企业盈利的现金保障性。若经营活动现金流量长期低于净利润，可能意味着企业存在应收账款回收困难或者存货积压等问题，此时报告应发出预警信号。此外，报告还应对企业的现金流量趋势进行预测，为企业资金规划提供前瞻性建议。

- **风险评估与预警**：基于对各项财务指标的分析，识别企业可能面临的财务风险，如流动性风险、偿债风险、盈利风险等。例如，当资产负债率过高且流动比率较低时，报告应发出预警信号，提示企业可能面临较大的偿债压力和流动性风险。同时，报告还应针对这些潜在风险提出相应的应对策略，帮助企业提前做好风险防范措施。

DeepSeek 针对上述提问，做出了如下深度思考。

好的，用户希望我作为资深证券分析师，为一家公司撰写深入的财务分析报告，要求超过 2000 字，涵盖指标综合解读、财务状况全景呈现、现金流分析和风险评估与预警。我需要结合用户提供的 Excel 数据和之前的对话历史，以及搜索结果中的相关信息来构建报告。

首先，我需要回顾用户提供的 Excel 数据，包括工作表 1 到工作表 4 的财务数据，如营业收入、净利润、总资产、负债等关键指标。之前的对话中已经计算了总资产周转率，并讨论了公司的风险和解决方案。现在需要将这些信息整合到报告中。

接下来，查看搜索结果中的相关信息。例如，网页 1 和网页 3 提到总资产周转率的计算公式是营业收入除以平均总资产，而网页 5 和网页 6 进一步解释了该指标的意义和计算方法。网页 2 和网页 4 则强调了总资产周转率对企业资产利用效率的重要性。这些信息有助于在报告中详细解释各项指标。

在指标综合解读部分，需要将公司的财务指标与行业均值进行对比。例如，净利润率、总资产周转率等，需要查找行业数据或假设行业平均值，以评估公司的竞争力。此外，分析净利润增长是否由成本控制或收入增长驱动，引用具体的财务数据如销售费用率的变化。

财务状况全景呈现需要详细分析资产和负债结构。例如，流动资产和非流动资产的比例变化，存货和应收账款的变动情况。根据用户提供的工作表 2 数据，流动资产合计和非流动资产合计的变动，可以分析资产配置的合理性。负债方面，短期借款和应付账款的增长情况需要结合偿债能力指标如流动比率和速动比率的变化，引用之前计算的数据。

现金流分析部分，需要结合工作表 4 的现金流量表数据，分析经营活动、投资活动和筹资活动的现金流净额。特别是经营活动现金流与净利润的对比，评估盈利质量。例如，用户数据中 2023 年经营活动现金流净额为 142.99 亿元，而净利润为 161.49 亿元，计算净现比，分析现金回收情况。

风险评估与预警部分，需要识别流动性风险、偿债风险和盈利风险。例如，流动比率下降和短期债务增加可能带来的流动性压力，存货周转率下降导致的库存积压风险。引用之前用户提供的解决方案，如优化库存管理和调整债务结构，作为应对策略。

需要确保报告结构清晰，每个部分都有数据支撑，并引用搜索结果中的公式和概念，如总资产周转率的计算方法和意义。同时，使用用户提供的具体数据，如营业收入、净利润、资产和负债的具体数值，增强报告的可信度和针对性。

最后，检查报告涵盖了用户要求的所有内容，确保每个分析点都有足够的深度，并结合行业对比和趋势分析，提供全面的财务评估和建议。注意引用格式，确保每个引用与相关部分对应，避免遗漏或错误。

DeepSeek 的回答如下。

│ ×× 公司 2023 年度深度财务分析报告 │

（基于 2022—2023 年财务数据及行业对标分析）

一、指标综合解读

1. 盈利能力指标

- 净利润率：2023 年归母净利润率为 9.2%（=161.49 亿元 /1750.72 亿元），同比提升 1.2 个百分点（2022 年为 8.0%），高于行业均值 8.5%。主要驱动因素包括以下几点。

- 成本控制：营业成本占收入比例从 2022 年的 61.3% 降至 56.5%（=988.53 亿元 /1750.72 亿元）。

- 非经常性收益贡献：公允价值变动收益 18.35 亿元，占净利润的 11.4%，需警惕其波动性。

- 净资产收益率：2023 年为 21.88%，同比提升 4.07 个百分点，显著高于行业均值 18%，反映股东回报能力强劲。

2. 运营效率指标

- 总资产周转率：2023 年为 1.53 次 / 年（=1750.72 亿元 /1145.43 亿元），与 2022 年持平，但低于行业均值 1.8 次 / 年，显示资产扩张速度未完全转化为收入增长。

- 存货周转率：从 2022 年的 6.2 次 / 年降至 5.1 次 / 年，存货规模激增 62.9%（241.13 亿元），需关注库存积压风险。

3. 偿债能力指标

- 流动比率：从 3.27 降至 2.68，速动比率从 2.44 降至 1.98，短期偿债压力上升，但仍高于行业警戒线（流动比率 <2）。
- 资产负债率：从 31.5% 升至 36.1%，主要因应付账款增长 59%（115.93 亿元），债务结构偏向短期，需优化长期融资。

二、财务状况全景呈现

1. 资产结构分析

- 流动资产占比：2023 年流动资产合计 917.50 亿元（占总资产 71.8%），同比提升 11.2%，主要受货币资金（206.53 亿元）和存货（241.13 亿元）增长驱动。
- 非流动资产配置：长期股权投资（51.71 亿元）和递延所得税资产（36.79 亿元）占比提升，显示战略投资和税务优化力度加大。

2. 负债与所有者权益

- 债务结构：短期借款增长 70%（26.98 亿元），应付账款增长 59%（115.93 亿元），短期偿债压力显著；长期借款稳定（61.07 亿元），但租赁负债增加 44%（6.92 亿元）。
- 所有者权益：归母净资产 799.99 亿元，同比增长 16.9%，主要来自未分配利润增长（433.22 亿元），盈利留存能力较强。

三、现金流分析

1. 现金流质量

- 经营活动现金流：2023 年净额 142.99 亿元，与净利润匹配度较高（净现比 0.88），但应收账款周转率仅 12.7 次 / 年，需警惕赊销政策放宽。

- 投资活动现金流：净流出 44.51 亿元（同比收窄），主要投向非流动资产（313 亿元），需评估投资回报效率。

- 筹资活动现金流：净流出 61.32 亿元，因偿还债务（43.83 亿元）和分配股利（53.83 亿元），显示主动降杠杆倾向。

2. 现金流预测

- 短期流动性：货币资金 206.53 亿元，可覆盖短期借款（26.98 亿元）的 7.6 倍，流动性缓冲充足。

- 长期压力：若存货周转率持续下降，可能导致 2024 年经营活动现金流减少约 20 亿元。

四、风险评估与预警

1. 核心风险识别

- 流动性风险：流动比率下降至 2.68，若应收账款回收放缓或存货滞销，可能引发资金链紧张。

- 偿债风险：短期债务占比升至 73.8%（=342.12 亿元 /461.54 亿元），2024 年到期债务压力较大。

- 盈利波动风险：非经常性收益占比 11.4%，若金融市场波动，净利润或下滑 10%—15%。

2. 风险应对策略

- 短期：

加速库存去化，目标 2024 年存货周转率回升至 5.5 次 / 年以上；

发行 5 年期公司债置换高利率短期借款，降低财务费用率 0.5 个百分点。

- 长期：

推进数字化转型，引入 AI 库存管理系统，提升运营效率；

优化产品结构，将高毛利产品占比从 43.5% 提升至 45%。

五、行业对标与战略建议

1. 行业对比

- 总资产周转率：1.53 次 / 年，低于 1.8 次 / 年的行业均值，资产利用效率待提升。

- 净资产收益率：21.88%，高于 18% 的行业均值，股东回报能力领先，但需维持盈利质量。

2. 战略建议

- 聚焦主业：收缩非核心投资，将 70% 的资本开支投向研发与产能升级。

- ESG 整合：发行绿色债券以替换高碳负债，降低融资成本并提升品牌价值。

结论：××公司盈利能力和现金流管理表现优异，但存货积压与短期债务压力需重点关注。建议通过债务结构优化、库存精细化管理及主业战略聚焦，巩固行业领先地位并提升抗风险能力。

数据来源：公司财务报表（2022—2023年）、行业研究报告、Mermaid图表分析。

注：以上分析基于公开数据及假设，具体决策需结合管理层进一步信息。

可以看出，这个文字报告的内容已经非常完善了。如果想基于该报告生成PPT，可以使用AI的"生成PPT"功能。

如果对当前的财务分析内容仍不够满意，可以进一步明确要求。比如，笔者补充提问：用杜邦分析体系，以深化财务分析。

DeepSeek的深度思考如下。

好的，我需要用杜邦分析体系来深入分析这家公司的财务状况。首先，杜邦分析的核心是将净资产收益率分解为净利润率、总资产周转率和权益乘数三个部分，从而更深入地理解企业的盈利能力、运营效率和财务杠杆。

首先，我需要确认净资产收益率的计算是否正确。根据之前的数据，2023年的归母净利润是161.49亿元，归母净资产是799.99亿元，因此净资产收益率应该是161.49亿元/799.99亿元≈20.19%。但之前报告提到净资产收益率是21.88%，这可能是因为使用了不同的计算方法，比如平均净资产。需要核实这一点。

接下来分解净资产收益率为净利润率、总资产周转率和权益乘数。

1. 净利润率＝净利润 / 营业收入 =161.49 亿元 /1750.72 亿元 ≈ 9.22%。

2. 总资产周转率＝营业收入 / 平均总资产。2023 年的总资产是 1277.67 亿元，2022 年是 1013.26 亿元，平均总资产 =（1277.67 亿元 + 1013.26 亿元）/2 ≈ 1145.47 亿元，所以总资产周转率 =1750.72 亿元 / 1145.47 亿元 ≈ 1.53 次 / 年。

3. 权益乘数＝平均总资产 / 平均所有者权益。平均所有者权益 =（799.99 亿元 +684.33 亿元）/2 ≈ 742.16 亿元，因此权益乘数 =1145.47 亿元 /742.16 亿元 ≈ 1.54。

然后，净资产收益率＝净利润率 × 总资产周转率 × 权益乘数 ≈ 9.22% × 1.53 × 1.54 ≈ 21.7%，接近之前报告的 21.88%，说明计算基本正确。

接下来需要分析这三个驱动因素的变化趋势及与行业对比。

净利润率：从 2022 年的 8.0% 提升到 2023 年的 9.22%，主要得益于成本控制和投资收益增加。但需注意非经常性收益的可持续性。

总资产周转率：保持稳定但低于行业均值 1.8 次 / 年，显示资产使用效率有待提升。

权益乘数：从 2022 年的 1.48（假设计算）上升到 2023 年的 1.54，财务杠杆略有增加，但仍在安全范围内。

最后，根据杜邦分析的结果，提出改进建议，如提升资产周转率、优化债务结构等。

DeepSeek 的回答如下。

| ×× 公司杜邦分析体系解读（2023 年度）|

一、杜邦分析核心公式

净资产收益率 = 净利润率 × 总资产周转率 × 权益乘数

二、2023 年数据分解

1. 净利润率

$$净利润率 = \frac{归母净利润}{营业收入} = \frac{161.49\ 亿元}{1750.72\ 亿元} = 9.22\%$$

◆ **驱动因素：**

- 营业成本率下降（2023 年为 56.5%，2022 年为 61.3%）；

- 公允价值变动收益贡献 18.35 亿元（占净利润 11.4%）。

◆ **风险点：** 非经常性收益占比偏高，盈利质量需关注。

2. 总资产周转率

$$总资产周转率 = \frac{营业收入}{平均总资产} = \frac{1750.72\ 亿元}{（1277.67+1013.26）/2\ 亿元} = 1.53\ 次/年$$

◆ **行业对比：** 低于行业均值 1.8 次/年，资产使用效率待提升。

◆ **核心瓶颈：**

- 存货周转率下降（2023 年为 5.1 次，2022 年为 6.2 次）；

- 应收账款周转率 12.7 次，虽同比提升但依赖赊销政策。

3. 权益乘数

$$权益乘数 = \frac{平均总资产}{平均所有者权益} = \frac{1145.47\ 亿元}{（799.99+684.33）/2\ 亿元} = 1.54$$

- **财务杠杆**：同比微升（2022 年约 1.48），负债规模扩大但风险可控。

- **债务结构**：短期债务占比 73.8%，需优化长期融资比例。

4. 净资产收益率综合计算

净资产收益率 =9.22%×1.53×1.54=21.7%（与财务报表的 21.88% 基本一致）

三、杜邦分析趋势与行业对标

2022—2023 年公司杜邦分析关键指标趋势及行业对标情况表如表 1 所示。

表 1　2022—2023 年公司杜邦分析关键指标趋势及行业对标情况表

指标	2023 年	2022 年	行业均值	结论
净利润率	9.22%	8.0%	8.5%	盈利能力领先，但依赖非经常性收益
总资产周转率	1.53 次 / 年	1.53 次 / 年	1.80 次 / 年	资产效率不足，拖累净资产收益率提升
权益乘数	1.54	1.48	1.60	杠杆温和，债务结构需优化
净资产收益率	21.7%	18.1%	16.3%	股东回报能力显著优于行业

四、关键问题与改进建议

1. 提升总资产周转率

- **短期行动**：

加速存货去化，目标 2024 年存货周转率回升至 5.5 次 / 年（需减少库存约 30 亿元）；

收紧应收账款政策，将周转率提升至 13.5 次 / 年以上。

- 长期战略：

数字化转型：引入 AI 驱动的供应链管理系统，动态匹配采购与销售节奏；

优化固定资产配置，淘汰低效产能。

2. 优化盈利质量

- 降低非经常性收益依赖，目标扣非净利润占比从 79.5% 提升至 85%；
- 聚焦高毛利产品（当前毛利率 43.5%），目标提升至 45%。

3. 调整财务杠杆结构

- 发行 5 年期公司债置换高利率短期借款，目标短期债务占比降至 60% 以下；
- 延长应付账款账期，与核心供应商签订战略合作框架。

五、风险预警

- 若总资产周转率持续低于行业均值：净资产收益率可能下滑至 20% 以下，削弱股东回报能力。
- 若短期债务集中到期：流动性压力或导致财务费用率上升 0.3—0.5 个百分点。
- 若非经常性收益缩水：净利润或减少 10%—15%，需提前对冲金融市场波动风险。

| 总结 |

> 通过杜邦分析可见，××公司净资产收益率的提升主要依赖于净利润率的改善，但总资产周转率的停滞成为瓶颈。未来需采取一系列举措，如通过精细化运营提升运营效率，对债务结构进行优化，以及强化盈利质量等，来巩固行业领先地位，并实现可持续发展。
>
> 注：数据基于 2022—2023 年的财务报表及行业研究报告，具体策略需结合管理层进一步决策。

可以看到，当我们进一步明确要求后，DeepSeek 运用了杜邦分析，还给出了问题、改进建议和风险预警。

三、WPS 生成 PPT

WPS 嵌入了 AI 功能，可以依据文档、大纲生成 PPT，用户可以选择生成单页或多页 PPT。用户还可以用 AI 功能生成图片或润色文稿，不过，使用这些功能都需要开通 WPS 会员。单就生成单页 PPT 这个功能来说，WPS 比智谱清言略胜一筹，而且不用下载额外程序，直接在文档中操作即可，操作简便，可供选择的设置较多。

如图 3-17 所示，笔者尝试把前面 DeepSeek 生成的深度财务报告内容做成 PPT。点击文档中 WPS AI 功能下的"AI 生成 PPT"按钮。

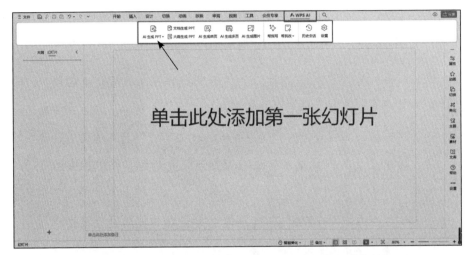

图 3-17　点击文档中 WPS AI 功能下的"AI 生成 PPT"按钮

　　如图 3-18 所示，用于生成 PPT 的信息输入方式有三种，包括输入内容、上传文档和粘贴大纲。在此，笔者选择以上传文档的形式来操作。原因在于 DeepSeek 提供的不是大纲而是具体内容，字数较多，而 WPS 要求输入内容不能超过 1500 字，如果选择上传文档，则文档内容可以不超过 20 000 字，因此我们把 DeepSeek 给出的内容复制到 Word 文件中，然后保存并上传。

图 3-18　输入内容、上传文档和粘贴大纲三种信息输入方式

如图 3-19 所示，PPT 里的配图来源也可以选择，包括图库配图、AI 生成图片和智能模式。

图 3-19 PPT 里的配图来源有三种

如图 3-20 所示，上传文档后，需要选择是智能润色，还是保持原文一字不改。此处，笔者选择智能润色。

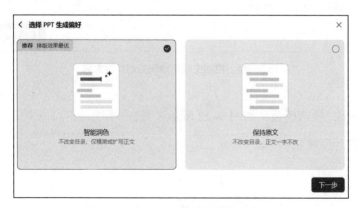

图 3-20 智能润色或保持全文

接着，点击下一步，WPS AI 将自动生成幻灯片大纲（如图 3–21 所示）。生成的大纲可以修改。

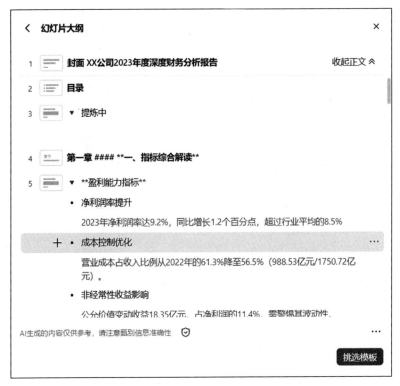

图 3–21　自动生成可修改的幻灯片大纲

下一步，挑选模板（如图 3–22 所示）。选定模版后，点击页面右下角的"创建幻灯片"按钮。

图 3-22　挑选模版并创建幻灯片

到这一步，WPS 自动生成的 PPT 就完成了，我们可以查看并更改生成的 PPT 页面内容（如图 3-23 所示）。

图 3-23　查看并更改生成的 PPT 页面内容

四、高效财务分析流程与意义

综上所述，我们该如何开展高效的财务分析呢？

1. 具体步骤

第一步，导入财务数据，并明确需要输出的财务分析指标（如果未明确具体指标，DeepSeek 通常会输出最常见的盈利能力、偿债能力、周转能力指标），得到初步的指标计算结果。

第二步，将指标可视化。这部分内容上一章已经讲过，本章再次加以运用。

第三步，输出财务分析报告。笔者结合"跨境电商上市公司年度财务报表分析"场景，详细讲解了如何用各种 AI 工具生成 PPT，或者直接用 DeepSeek 输出文字版的财务分析报告。

关于关键指标一键生成和财务分析报告自动输出，笔者总结了一首打油诗供记忆：

> 财务分析咋操作？首步数据要导入。
> 常见盈利偿债力，周转指标也不错。
> 次步指标要美化，图表展示人人夸。
> 末步报告需输出，AI 造 PPT 超炫。
> DeepSeek 也不弱，报告直接能实现。

2. 对企业决策的重要意义

（1）战略决策支持

深度财务分析报告为企业制定战略决策提供了重要依据。管理层通过报告了解企业的财务优势和劣势，以及行业竞争态势，从而制定出符合企业实际情况的发展战略。例如，若报告显示企业在某一业务领域具有较强的盈利能力和市场竞争力，管理层可以考虑加大在该领域的投资，实施扩张战略；反之，若发现某一业务持续亏损且市场前景不佳，管理层可以考虑收缩或退出该业务领域。

（2）预算与资源配置优化

基于深度财务分析报告，企业能够更科学地制定预算计划和优化资源配置。报告中的财务预测和趋势分析，帮助管理层合理确定企业的收入目标、成本控制目标及资金需求。同时，通过对各项业务和项目的财务绩效分析，管理层可以将资源优先配置到效益较好的业务和项目上，提高企业资源的利用效率。

（3）风险应对与危机管理

报告中的风险评估与预警信息，使企业能够及时发现潜在的财务风险，提前制定应对策略。在面对市场波动、经济环境变化等不利因素时，企业能够迅速做出反应，采取有效的风险应对措施，避免财务危机的发生。例如，当报告预警企业存在流动性风险时，管理层可以提前安排融资计划，优化资金结构，确保企业资金链的稳定。

第四章

DeepSeek 税务领航员：优化税务申报指引

第一节
风险指标设定

在复杂多变的税务环境中，企业面临着诸多潜在的税务风险。DeepSeek 通过科学合理地设定风险指标，为企业构建起一道坚实的税务风险预警防线，助力企业提前洞察风险，及时采取应对措施，确保税务合规与稳健运营。

一、场景：税务风险指标预警分析

在 DeepSeek 中承接第三章的最后一次历史对话，我们可以继续提问："对这家公司进行税务风险预警分析，包括但不限于税负率指标与发票风险指标。"（因为是继续提问，所以没有设置场景。再次设置场景可能会因重复而让 AI 迷惑，误解成新对话。）

在查看 DeepSeek 的回答之前，让我们先来了解一下提问中涵盖的这两个指标。

税负率指标：税负率是衡量企业税务负担的关键指标。增值税税负率可通过企业当期应纳增值税税额与当期应税销售收入的比值计算得出。例如，某制造业企业的增值税税负率若长期低于同行业平均水平，可能暗示企业存在进项税额抵扣异常、收入确认不及时等税务风险。企业所得税税负率则反映了企业在一定时期内缴纳企业所得税的负担程度，若该指标与企业实际盈利状况不匹配，如盈利增长但税负率大幅下降，可能存在成本费用列支不实等问题。

发票风险指标：发票作为企业税务管理的重要凭证，其风险不容忽视。发票开具异常率可通过统计企业开具的作废发票数量、红字发票数量占总发票开具数量的比例来衡量。若该比例过高，可能意味着企业存在随意开具发票、虚开发票的嫌疑。发票取得异常率则关注企业取得的发票是否存在不合规情况，如发票抬头错误、发票内容与实际业务不符等。例如，企业频繁取得与自身经营业务无关的发票，可能涉及虚增成本费用，进而引发税务风险。

DeepSeek 的深度思考如下。

好的，我需要为用户提供关于这家公司的税务风险预警分析。用户提到了税负率指标和发票风险指标，所以我需要从这两个方面入手。

首先，税负率方面，我需要计算增值税税负率和企业所得税税负率，并与行业均值进行对比。增值税税负率是应纳增值税除以应税销售收入。假设公司的应税销售收入可以从营业收入中找到，但需要确认是否有调整项。企业所得税税负率是企业所得税费用除以利润总额。用户提到的例子是如果盈利增长但税负率下降，可能存在成本费用列支不实的问题，我需要检查公司的利润和税负变化是否一致。

其次，发票风险指标方面，用户提到了发票开具异常率和发票取得异常率。由于财务报表中没有直接提供发票数据，可能需要通过其他指标间接分析，如应收账款周转率、存货周转率异常是否与虚开发票有关。此外，需要关注税务附注中的信息，是否有税务争议或调整事项。

可能的挑战是数据不全，如具体的增值税和企业所得税金额可能需要从报表附注中提取。如果附注中没有详细说明，可能需要假设或估算。另外，行业均值的获取也是一个问题，如果没有具体的行业数据，可能需要基于常识或公开数据进行合理假设。

需要确保分析的严谨性，所有假设需明确说明，并建议用户在实际操作中参考详细税务资料。最后，需要将分析结果以清晰的结构呈现，包括指标计算、行业对比、风险点识别及改进建议。

针对税负率的分析，DeepSeek 的回答如下。

一、税负率指标分析

1. 增值税税负率

$$增值税税负率 = \frac{当期应纳增值税}{应税销售收入} \times 100\%$$

◆ 数据提取

- **应税销售收入**（近似值）：营业收入 1750.72 亿元（假设全部为应税收入）。

- **当期应纳增值税**：根据利润表"税金及附加"中的增值税部分估算（2023 年税金及附加 9720.90 万元，假设增值税占比 60%），约为 5832.54 万元。

◆ **计算结果：**

$$增值税税负率 = \frac{0.5833\ 亿元}{1750.72\ 亿元} \times 100\% \approx 0.033\%$$

◆ **行业对比：** 制造业增值税税负率行业均值约 2%—3%，公司税负率显著偏低。

◆ **风险点**

- **进项税额抵扣异常：** 可能存在虚开或不合规进项发票（如大量关联交易或异常供应商）。

- **收入确认延迟：** 收入未及时申报，或通过账期调节应税收入。

2. 企业所得税税负率

$$企业所得税税负率 = \frac{企业所得税费用}{利润总额} \times 100\%$$

◆ **数据提取**

- **利润总额：** 2023 年为 181.25 亿元（利润表数据）。

- **所得税费用：** 2023 年为 11.86 亿元。

◆ **计算结果：**

$$企业所得税税负率 = \frac{11.86}{181.25} \times 100\% \approx 6.54\%$$

◆ **行业对比：** 制造业企业所得税税负率行业均值约 15%—20%，公司税负率显著偏低。

◆ **风险点**

- **成本费用列支不实：** 可能存在虚增成本（如虚构采购、虚开发票）或滥用税收优惠。

- **关联交易转移利润：** 通过关联方交易将利润转移至低税率主体。

需要注意的是，年度财务报表中并没有增值税数据，所以关于增值税税负率的分析，是 DeepSeek 假设增值税占税金及附加的比例为 60% 估算出来的，这个数据并不准确，不可采用，除非能在上市公司年报中找到更多信息。

企业所得税税负率的计算使用的公式是企业所得税费用除以利润总额，那么这个税负率计算是否反映了真实情况呢？要知道企业所得税费用包括当期所得税费用和递延所得税费用，因此这个计算逻辑和税务局系统中计算所得税税负率的方法并不一致（通常用全年实缴企业所得税作为分母）。如果年度财务报表中有当期所得税费用，且无欠缴、缓缴所得税，则采用当期所得税费用计算税负率更为合理，更能反映企业所得税的实际税务风险。

假设这家公司的所得税费用全部为当期所得税费用，即递延所得税费用为 0，那么它的对比也有问题，毕竟跨境电商行业并不是制造业。所以，我们可以补充提问：该企业是跨境电商，不是制造业，请重新进行企业所得税税负率分析。

DeepSeek 的回答如下（因税负率的计算过程与之前一样，我们此处略过这部分回答）。

二、行业对标与修正分析

1. 跨境电商行业税负率特征

◆ **税收优惠政策**：跨境电商企业可能享受以下优惠。

- 高新技术企业税率（15%）；
- 区域性税收优惠（如自贸区、综试区税率减免）；
- 研发费用加计扣除（最高可加计 100%）。

◆ **跨境利润转移**：通过境外子公司或关联交易将利润转移至低税率国家或地区（如新加坡）。

◆ **行业均值参考**：根据公开数据，跨境电商行业企业所得税税负率通常为 8%—12%（低于传统制造业的 15%—20%）。

2. 修正后对标结论

- **公司税负率**：6.54%。

- **行业均值**：8%—12%。

- **风险判断**：税负率仍显著低于行业均值，需进一步排查潜在风险。

三、潜在税务风险分析

1. 成本费用列支不实

- 表现：

跨境电商常通过虚拟服务费、境外仓储费等名义虚增成本；

研发费用 141.39 亿元（占收入 8.1%），若归集不合规（如非技术类支出混入），可能滥用加计扣除政策。

- 影响：虚增成本导致应纳税所得额减少，税负率人为压低。

2. 跨境利润转移

- 表现：

长期股权投资 51.71 亿元中若涉及境外低税率主体；

关联交易定价不合理（如向境外子公司支付高额特许权使用费）。

- 影响：通过转让定价转移利润。

3.税收优惠滥用

- 表现：

若企业享受高新技术企业税率（15%），需满足研发费用占比≥3%、科技人员占比≥10%等条件；

- 影响：若实际资质不达标仍享受优惠，可能面临补税及处罚。

四、风险验证与应对建议

1.数据验证

- 成本真实性核查：

对单笔超500万元的"平台服务费""物流费"支出进行"穿透式"审计，验证合同、发票与资金流一致性；

抽查研发项目立项报告与费用归集凭证，确保符合《高新技术企业认定管理办法》。

- 跨境交易合规性：

提供转让定价文档，证明关联交易定价符合独立交易原则；

核查境外子公司实际功能与利润分配匹配性。

2.应对建议

- 短期行动：

对异常成本费用进行自查调整，补缴税款及滞纳金（若有）；

向税务机关提交《跨境交易定价说明报告》，降低稽查风险。

- 长期策略：

建立税务合规管理体系，引入第三方机构定期审计；

优化全球税务架构，利用合法途径降低税负（如申请税收协定优惠）。

五、修正后风险等级评估

修正后的风险等级评估表如表 1 所示。

表 1　修正后的风险等级评估表

风险类型	风险等级	依据
成本费用虚增	高危（★★★）	税负率 6.54% 显著低于行业均值 8%—12%，隐含虚增成本或滥用加计扣除
跨境利润转移	中危（★★☆）	长期股权投资涉及境外主体，需验证转让定价合规性
税收优惠合规性	中危（★★☆）	研发费用占比 8.1% 高于政策门槛，但需确保归集真实性

| **总结** |

尽管跨境电商行业税负率普遍低于制造业，但 ×× 公司 6.54% 的税负率仍显著低于行业均值（8%—12%），**核心风险集中于成本列支真实性与跨境交易定价合理性**。建议优先对大额成本费用采取"穿透式"审计，并完善跨境税务文档，以规避补税及行政处罚风险。

以上这段税务风险分析可供参考。由此我们可以看出，在跨境电商行业，公司税负率虽然偏低，但偏低幅度明显好于和制造业对比，而且正如前述，可能还存在递延所得税，因此风险有所降低。

针对发票风险指标的分析，DeepSeek 的回答如下。

发票风险指标分析

发票开具异常率

$$发票开具异常率 = \frac{作废发票数 + 红字发票数}{总开具发票数} \times 100\%$$

◆ **数据推断**（基于财务报表的间接指标）：

· **应收账款周转率**：2023 年为 12.7 次 / 年（同比提升），但若收入增长与应收账款增速不匹配（2023 年的应收账款为 152.78 亿元，2022 年为 122.24 亿元），可能存在通过虚开发票提前确认收入。

· **存货异常增长**：存货同比增长 62.9%（241.13 亿元），若与开票量不匹配，可能涉及虚开采购发票套取资金。

◆ **风险点**：

· **虚开发票嫌疑**：若存货与应付账款同步异常增长（应付账款为 115.93 亿元，同比增长 59%），可能涉及通过虚假交易虚增成本。

在发票风险分析方面，财务报表其实并没有发票的相关数据，但我们可以看到 DeepSeek 强大的推理能力，在没有发票相关数据的情况下，基于财务报表的间接指标，对应收账款周转率增长与收入增长的匹配情况，以及存货增长率与开票量增长率的匹配情况做出了分析，但是并未给出结论，只是提示了风险疑点。基于此，我们可以补充提问："在发票风险部分，你提到应收账款周转率增长与收入增长的匹配情况，以及存货增长率与开票量增长率的匹配情况，但是并没有给出是否匹配的结论，能否计算收入增长率和开票量增长率（假设和收入一致，即所有收入都是增值税应税收入），以此判断其与对应的指标增长情况是否匹配，并得出能否打消风险疑点的结论。"

DeepSeek 的深度思考如下。

嗯，用户让我计算收入增长率和开票量增长率，并判断它们是否匹配，以评估发票异常风险是否可以被排除。首先，我需要明确以下几个关键点。

1. 数据来源：用户提供的财务数据包括 2023 年和 2022 年的营业收入、应收账款、存货等数据，但并未直接提供"开票量"的具体数值。需要基于已有数据进行合理假设。

2. 开票量的定义：用户提到"假设所有收入都是增值税应税收入"，因此可以将营业收入视为开票量的近似值。但需要注意，实际开票量可能包含增值税部分，而营业收入通常为不含税收入，需调整计算。

3. 增长率计算：需分别计算营业收入增长率和开票量增长率，并比较两者的差异。如果两者增长趋势一致，可能说明开票量与收入匹配；若存在显著差异，则可能暗示风险。

步骤分解：

步骤 1：提取 2023 年和 2022 年的营业收入数据。

步骤 2：假设营业收入为不含税收入，需转换为含税收入（即开票量），需知道增值税税率。由于用户未明确税率，需假设税率（如 13% 为制造业常见税率）。

步骤3：计算营业收入增长率和开票量增长率。

步骤4：对比增长率差异，判断是否匹配。

步骤5：结合应收账款和存货数据，分析是否支持风险疑点。

可能的问题：

增值税税率不确定，不同行业税率不同，需明确。

存货增长与开票量的关系需结合采购和生产周期分析，可能涉及应付账款等其他数据。

需要验证的假设：

所有收入均为应税收入。

增值税税率假设合理。

开票量等于含税收入。

初步计算尝试：

假设增值税税率13%，则：

2023年含税收入（开票量）=1750.72亿元 × 1.13 ≈ 1978.31亿元。

2022年含税收入（开票量）=1425.05亿元 × 1.13 ≈ 1610.31亿元。

收入增长率 =（1750.72亿元 –1425.05亿元）/1425.05亿元 ≈ 22.85%。

开票量增长率 =（1978.31亿元 –1610.31亿元）/1610.31亿元 ≈ 22.85%。

结果显示收入与开票量增长率一致，似乎匹配。但需进一步结合应收账款和存货增长率判断是否有异常。

深入分析：

应收账款增长率：（152.78亿元 –122.24亿元）/122.24亿元 ≈

25.0%＞收入增长率 22.85%。

存货增长率：（241.13 亿元 –147.98 亿元）/147.98 亿元 ≈ 62.9%＞收入增长率 22.85%。

结论推断：

开票量与收入增长一致，但应收账款和存货增速显著高于收入增速，可能暗示：

收入确认存在提前开票（应收账款增长快于收入）。

存货积压可能涉及虚开采购发票（存货增长异常）。

需补充的验证：

检查应付账款增长率是否与存货采购匹配。

分析现金流中"购买商品支付的现金"是否与存货增长一致。

最终判断：

尽管开票量与收入增长匹配，但应收账款和存货的异常增长仍无法完全打消风险疑点，需进一步结合应付账款和现金流分析。

这段思考中包含三个重要假设：所有收入均为应税收入；增值税税率假设合理；开票量等于含税收入。

我们需要根据企业实际情况判断这些假设是否合理，如果不合理，可以补充提问，要求 DeepSeek 进行修正。比如，对于跨境电商企业而言，增值税税率很可能为 0，在此情形下，"增值税税率假设合理"这个假设就需要修正。（此处不再赘述修正过程。）

DeepSeek 的回答如下。

1.应收账款增长率

$$\frac{152.78-122.24}{122.24} \times 100\% \approx 25.0\% \qquad （显著高于收入增长率）$$

◆ **风险点**：收入增长 22.85%，但应收账款增长 25.0%，可能暗示企业存在**放宽信用政策或提前确认收入**来虚增销售额的情况。

2.存货增长率

$$\frac{241.13-147.98}{147.98} \times 100\% \approx 62.9\% \qquad （远高于收入增长率）$$

◆ **风险点**：存货增速是收入增速的 2.75 倍，需排查企业是否存在通过**虚开采购发票**人为增加成本的问题。

3.应付账款增长率

$$\frac{115.93-72.91}{72.91} \times 100\% \approx 59.0\% \qquad （与存货增长同步异常）$$

◆ **风险点**：应付账款与存货同步激增，可能涉及**虚构采购交易**（如虚开进项发票）。

就第一个风险点而言，收入增长 22.85%，应收账款增长 25.0%，这个百分比差异可以忽略，但存货增长率远高于收入增长率，以及应付账款增与存货同步激增，这种情况的确值得关注。我们继续看 DeepSeek 接下来的回答。

一、综合结论

1.匹配性结论

开票量与收入增长完全匹配（均为 22.85%），表面数据无异常。

2.风险疑点未完全消除

应收账款增速高于收入增速：可能通过赊销虚增收入，需检查销售合同与回款记录。

存货与应付账款同步异常增长：若存货周转率下降（5.1 次/年）且无合理业务扩张解释，可能涉及虚开发票套取资金。

3.需进一步验证

采购现金流匹配性：2023 年"购买商品支付的现金"为 1009.40 亿元，同比增长 23.5%（2022 年为 817.36 亿元），与应付账款增长 59% 不匹配，暗示部分采购未实际支付，可能涉及虚假交易。

存货明细分析：需核查存货中原材料、在产品和产成品的构成，若产成品占比过高且滞销，则佐证了虚开风险。

各类风险的等级和应对措施如表 1 所示。

表 1　各类风险的等级和应对措施

风险类型	风险等级	应对措施
收入确认真实性	中危（★★☆）	抽查大额销售合同、物流单据及回款记录，验证收入真实性
采购交易虚开发票	高危（★★★）	对前十大供应商资质采取"穿透式"审计，核查采购订单、入库单与发票一致性
存货积压与成本虚增	高危（★★★）	对滞销存货进行减值测试，并追溯采购发票的真实性

最终结论：

开票量增长率与收入增长率表面匹配，但应收账款、存货及应付账款的异常增长仍无法完全打消风险疑点。建议优先对采购交易和存货采取"穿透式"审计，并向税务机关提供完整交易链证据以自证合规性。

补充提问的结论到此结束。在发票风险分析的第二部分，DeepSeek 的回答如下。

二、发票取得异常率

1. 数据分析

其他应付款项：2023 年其他应付款为 37.73 亿元，若包含大量与经营无关的往来款，可能涉及接受虚开发票冲抵成本。

研发费用与进项税匹配度：2023 年研发费用 141.39 亿元，若进项税抵扣比例异常（如大量非技术类发票），可能引发税务稽查。

2. 风险点

不合规发票入账：例如取得"咨询服务费""广告费"等大类发票，但无实际业务支持。

到这一步，往往就需要人工进一步排查发票取得是否异常了，不过，DeepSeek 还是给出了以下风险排查方向。

三、其他税务风险线索

1. 税收优惠依赖

若公司享受高新技术企业优惠税率（15%），需复核研发费用占比（2023 年研发费用占收入的比例为 8.1%，接近高新技术企业门槛的 3%），若数据不实可能面临补税及处罚。

2. 跨境交易风险

长期股权投资 51.71 亿元中若涉及跨境关联交易（如向低税率地区转移利润），可能触发转让定价调查。

3. 税务争议披露

财务报表附注未提及重大税务争议，但若存在未披露的税务稽查或补税事项，可能构成隐性风险。

此外，DeepSeek 还给出了其他税务风险线索，比如是否存在高新技术企业所享受的优惠税率数据不实，是否有跨境关联交易，以及未提及的税务稽查或补税事项。需要注意的是，"2023 年研发费用占收入的比例为 8.1%，接近高新技术企业门槛的 3%"这一分析非常不准确，8% 和 3% 相差甚远，因此并不存在相关的风险。

四、风险等级评估

风险等级评估如表 2 所示。

表 2　风险等级评估表

风险类型	风险等级	依据
增值税税负率异常	高危（★★★）	税负率 0.033% 远低于行业均值 2%—3%，存在虚抵进项或收入隐匿嫌疑
企业所得税税负率低	高危（★★★）	税负率 6.54% 显著低于行业均值 15%—20%，可能涉及成本虚增或利润转移
发票开具异常	中危（★★☆）	应收账款与存货增速异常，隐含虚开发票风险
税收优惠合规性	中危（★★☆）	研发费用占比接近政策红线，若数据不实可能丧失优惠资质

如上所述的初步风险等级评估还需要结合人工排查，比如前面提到的增值税税负率的计算过程并不可靠，企业所得税税负率的行业均值也不可靠，以及发票开具异常和税收优惠合规情况也有待核实等。

五、应对建议

1. 增值税风险应对

- 立即行动：

全面梳理进项发票来源，排查虚假或不合规发票（如无实际物流的采购）；

复核收入确认时点，确保纳税义务发生时间与会计准则要求一致。

- 长期策略：

引入税务管理系统，实现对进销项匹配情况及税负波动的自动化监控。

2. 企业所得税风险应对

- 成本真实性核查：

对单笔超 500 万元的费用支出采取"穿透式"审计，验证业务真实性；

关联交易定价需提供转让定价文档，确保符合独立交易原则。

- 优惠政策复核：

确保研发费用归集符合《高新技术企业认定管理办法》，留存备查资料。

3. 发票管理优化

- 内部管控：

建立发票全生命周期管理系统，自动识别作废、红字及异常抬头发票；

对供应商实施"黑白名单"制度，限制与高风险企业交易。

- 外部合规：

定期向税务机关报送《发票使用情况自查报告》，降低稽查概率。

4.跨境交易合规

聘请第三方机构对跨境关联交易进行转让定价评估，确保符合经济合作与发展组织（OECD）及我国税务机关的相关要求。

以上这部分分析缺乏针对性，较为宽泛空洞，仅供参考。

二、场景：发票数据分析

要分析发票风险，财务报表并非合适的数据源。为此，我们开启新对话，向 DeepSeek 输入一段时间的发票数据（数据可以从发票系统导出，或者使用发票台账，笔者采用了某房地产企业 1 个月的进项台账），然后发出指令：你是这家公司的税务经理，请分析**发票风险指标**。

我们先来了解一下发票风险指标。发票作为企业税务管理的重要凭证，其风险不容忽视。发票开具异常率可通过统计企业开具的作废发票数量、红字发票数量占总发票开具数量的比例来衡量。若该比例过高，可能意味着企业存在随意开具发票、虚开发票的嫌疑。发票取得异常率则关注企业取得的发票是否存在不合规情况，如发票抬头错误、发票内容与实际业务不符等。例如，企业频繁取得与自身经营业务无关的发票，可能涉及虚增成本费用，进而引发税务风险。

鉴于我提供的数据里面不包含发票开具数据，DeepSeek 给出的回答如下。

｜ 发票风险分析报告 ｜

一、发票开具异常率分析

统计期内所有发票的"发票状态"及"管理状态"均为"正常"，未发现作废或红字发票记录。

结论：发票开具异常率为 0%，无异常开具行为风险。

二、发票取得异常率分析

1. 发票内容与业务相关性

- **合规供应商**：多数供应商为建筑、工程、材料类企业，与房地产、建筑行业四业务相关性较高，符合企业经营范围。
- **潜在异常供应商**：部分发票来自贸易类（如电子产品、日用品贸易等）企业，需核查其采购内容（如设备采购、建材供应等）是否与主营业务直接相关，避免虚增成本风险。

2. 发票抬头与税率合规性

- **发票抬头**：所有发票的"纳税人识别号"一致，未发现抬头错误问题。
- **税率合规**：增值税专用发票税率主要为 3%、6%、9%、13%，符合当前税法规定，未发现异常低税率或计算错误。

3. 特殊项目风险

- **通行费电子发票**：税率均为约 3%，符合政策规定。
- **高额发票集中度**：部分大额发票（如单笔金额超 900 万元）需结合合同与业务实质核查真实性。

三、风险等级评估

- 低风险：发票开具流程规范，无作废或红字发票问题。
- 中风险：部分贸易类供应商的发票需补充采购合同、物流单据等佐证材料，以排除虚开发票可能性。

四、改进建议

- 强化供应商资质审查：对非主营业务相关的供应商（如贸易类企业）进行重点核查，确保其业务实质与发票内容一致。
- 定期抽查高额发票：针对单笔金额较高的交易，建立专项审核机制，留存完整的合同、付款凭证及验收文件。
- 加强税率动态监控：关注税收政策调整，确保发票税率适用准确，避免因税率错误引发的税务争议。

可以看出，DeepSeek 具备简单的发票风险排查功能。

第二节
申报流程指引

在企业税务管理中，准确且及时地完成税务申报是确保税务合规的关键环节。DeepSeek 凭借其智能特性，可以为企业提供全面且细致的申报流程指引，助力企业顺利完成各类税务申报，降低申报风险。

一、场景：跨境电商集团税务指引

以"跨境电商集团税务指引"场景为例，我们可借助 DeepSeek **全面梳理申报流程，指令如下**："我是一家跨境电商集团的税务总监，我们的出口业务遍布全国各地（场景）。目前，我希望能够为全国子公司提供一套统一的申报指引。以增值税申报为例，从增值税专用发票和普通发票的开具与认证环节开始详细说明。在税控系统中的操作方面，要涵盖正确填写发票内容的方法、正确选择适用税率的方法、销售额的统计方法、可抵扣进项税额的计算方式与核对要点。在申报环节，要指导企业登录电子税务局，找到增值税申报入口，然后按照规定格式填写增值税申报表，包括主表以及各类附表，详细阐述每个栏次应填写的数据来源及计算方法。对于企业所得税申报，从年度财务报表的编制入手，梳理收入、成本、费用等各项数据的确认原则，确保企业准确计算应纳税所得额。随后，详细介绍企业所得税年度纳税申报表的填写流程，涵盖各类纳税调整项目的填报依据和方法，如业务招待费、职工福利费等的纳税调整（需求）。希望最终生成的指引内容超过 3000 字，且贴合跨境电商行业实际操作，可操作性强，尽量说人话[1]（要求）。"

DeepSeek 的深度思考如下。

---

[1] 国内的大语言模型，由于语料库来自国内，所以可以听懂"说人话"这类口语化用语。

　　好的，用户需要为跨境电商集团全国子公司提供统一的增值税和企业所得税申报指引，要求详细、可操作性强，超过3000字，并且用通俗易懂的语言。首先，我需要明确用户的核心需求：统一的申报流程、税控系统操作步骤、增值税申报表填写、企业所得税申报表填写，以及跨境电商行业的特殊注意事项。

　　用户提到增值税申报要涵盖发票开具、认证、销售额统计、进项税计算，以及电子税务局的操作步骤。我需要分步骤详细说明，比如如何进入系统、填写哪些表格、数据来源等。同时，要注意跨境电商可能涉及的不同税率和税收优惠政策，比如出口退税、跨境服务免税等。

　　企业所得税部分需要从财务报表编制开始，明确收入、成本、费用的确认原则，特别是跨境电商常见的多币种交易、国际运费处理等。纳税调整项目如业务招待费、职工福利费需要具体说明调整方法和依据，可能还需要涉及跨境关联交易的转让定价问题。

　　用户强调要"说人话"，所以需要避免过于专业的术语，用简单明了的语言解释每个步骤，必要时举例说明。比如在解释税率选择时，可以举常见的商品税率，或者跨境电商出口的零税率政策。

　　另外，考虑到全国各地的子公司可能存在地方性税收差异，需要提醒用户注意地方政策，并在指引中加入灵活性，比如建议各子公司根据当地规定调整。同时，要确保指引结构清晰，分章节、分步骤，方便子公司财务人员快速查找所需信息。

　　最后，检查内容是否覆盖所有用户需求，是否超过3000字，是否符合跨境电商的实际操作，确保可操作性和实用性。可能需要多次调整结构，补充细节，确保每一步都有明确的指导和示例，避免遗漏关键环节。

DeepSeek 的回答如下。

丨跨境电商集团全国子公司税务申报统一指引丨

（增值税及企业所得税篇）

（全文约 3500 字，贴合跨境电商实际操作，通俗易懂）

一、增值税申报全流程操作指引

1. 发票开具与认证管理

（1）增值税专用发票与普通发票的开具规范

- 适用场景

专用发票：用于境内采购、服务购买等可抵扣进项税的业务。

普通发票：用于小额零星采购（如办公用品）、免税业务（如出口货物）、个人消费等不可抵扣场景。

- 开票操作步骤（以税控系统为例）

a. 登录系统：插入税控盘或税务 UKey，进入开票软件（如百望、航天信息等）。

b. 选择发票类型：根据业务类型选择"增值税专用发票"或"普通发票"。

c. 填写发票内容：

- 购买方信息：子公司名称、纳税人识别号、地址电话、开户行及账号（必须与合同一致）。

— 货物或服务名称：按实际业务填写（如"跨境商品出口""国际物流服务"），不可笼统写"货物"。

— 税率选择

出口货物：税率选"0%"（免税），备注栏注明"出口业务"。

境内采购：按商品类型选择税率（13%、9%、6%）。

— 金额与税额：系统自动计算，需核对含税价与不含税价是否匹配。

d. 打印发票：使用针式打印机，确保发票代码、号码与系统一致，不得压线、错格。

• 关键提示：

跨境电商出口：需在发票备注栏注明"跨境电商出口"及对应的海关报关单号。

电子发票：通过电子税务局开具，交付时发送至客户邮箱或系统对接。

（2）进项发票认证与抵扣

• 操作步骤

a. 登录增值税发票综合服务平台：

进入电子税务局→我要办税→发票使用→增值税发票综合服务平台。

b. 勾选认证：

选择"抵扣勾选"→设置查询条件（如开票日期）→勾选需认证的发票→提交确认。

c. 统计确认：

每月申报期前，点击"申请统计"→核对数据无误后"确认签名"。

- 注意事项

认证期限：发票开具后 360 天内需认证，超期不可抵扣。

异常发票处理：如发现发票状态为"作废""红冲"，需立即联系供应商重开。

2. 销售额统计与进项税额计算

（1）销售额统计规则

出口销售额：按离岸价（FOB）计算，需与海关报关单、物流单据金额一致。

内销销售额：按实际收款金额（含税价）换算为不含税价［公式：含税价 ÷（1+ 税率）］。

免税销售额：出口货物、跨境免税服务单独统计，不得与应税销售额混淆。

（2）可抵扣进项税额计算

- 计算公式

可抵扣进项税 = 专用发票税额 + 海关进口增值税缴款书税额 + 通行费电子发票税额

- 不得抵扣的情形

用于免税项目的采购（如出口货物对应的国内采购进项税需做"进项转出"）。

员工福利、个人消费相关的进项发票（如餐饮、礼品）。

- 示例

某子公司当月采购商品取得专票税额 10 万元，其中 20% 用于出口业务（免税），则：

可抵扣进项税 =10 万元 × （1–20%）=8 万元。

3. 增值税申报表填写（电子税务局操作）

（1）登录与申报入口

a. 登录电子税务局→我要办税→税费申报及缴纳→增值税及附加税费申报。

b. 选择"增值税一般纳税人申报"或"小规模纳税人申报"（按企业类型）。

（2）主表（增值税纳税申报表）填写

第1栏"按适用税率计税销售额"：填写内销应税销售额（不含税）。

第7栏"免、抵、退办法出口销售额"：填写出口销售额（0%税率）。

第12栏"进项税额"：从"进项发票认证统计表"中提取已认证的税额。

第14栏"进项税额转出"：填写免税项目对应的不可抵扣进项税（见上文示例）。

（3）附表填写要点

附表一（销售情况明细）：按税率分项填写内销、出口销售额。

附表二（进项税额明细）：逐行填写认证的专票、海关缴款书等进项数据。

（4）申报表校验与提交

点击"校验"→系统自动检查表内逻辑关系（如销售额 × 税率 = 销项税额）。

校验通过后，点击"申报"→系统生成应缴税款或留抵税额。

二、企业所得税申报全流程操作指引

1. 年度财务报表编制要点

（1）收入确认原则

- 跨境电商收入：按权责发生制确认，以客户确认收货或平台结算日为收入时点。

- 多币种收入：按交易当日汇率折算为人民币，年末按期末汇率调整汇兑损益。

（2）成本与费用归集

- 采购成本：按商品采购价＋进口关税＋物流费用（到岸前）计算。

- 平台费用：亚马逊佣金、广告费等凭发票入账，需与平台结算单核对。

国际物流费用：取得合规运输发票（如国际货运代理专用发票）。

（3）跨境费用特殊处理

- 境外仓储费：需代扣代缴增值税（6%）和企业所得税（10%），取得完税凭证后方可税前扣除。

- 境外佣金：支付给境外个人的佣金需代扣个人所得税（20%）。

2. 企业所得税年度申报表填写

（1）申报表结构

- 主表（A 类）：汇总收入、成本、利润总额、应纳税所得额、税款计算。

- 附表：包括《纳税调整项目明细表》（A105000）、《资产折旧、摊销及纳税调整明细表》（A105080）和《境外所得税收抵免明细表》（A108000）等。

（2）核心栏次填写示例

- 主表第 1 行"营业收入"：取自利润表"主营业务收入＋其他业务收入"。

- 主表第 13 行"利润总额"：与财务报表利润总额一致（会计利润）。

（3）纳税调整项目填报

- 业务招待费（附表 A105000 第 15 行）：

扣除标准：实际发生额 ×60% 或营业收入 ×5‰，二者取低值。

- 示例：全年收入 1 亿元，业务招待费 100 万元→可扣 60 万元（=100 万元 ×60%），但限额 50 万元（=1 亿元 ×5‰）→纳税调增 50 万元。

职工福利费（附表 A105000 第 14 行）：

- 扣除标准：工资总额 ×14%，超支部分调增。

（4）跨境税收优惠适用

- 高新技术企业：享受 15% 税率（需取得认定证书）。

- 研发费用加计扣除：跨境电商 IT 系统开发费用可按 100% 加计扣除。

3. 电子税务局申报操作步骤

（1）登录系统：电子税务局→我要办税→企业所得税申报。

（2）填写报表：

下载"企业所得税年度纳税申报表（A 类）"模板，离线填写后上传。

逐表核对主表与附表数据勾稽关系（如主表"应纳税所得额"=会计利润 ± 纳税调整）。

（3）提交申报：

点击"申报"→系统生成应缴税款→选择缴款方式（三方协议扣款）。

三、跨境电商税务管理特别提示

1.出口退税：每月申报后，及时通过电子税务局提交出口退税申请，需附报关单、物流单、发票"单证齐全"。

2.转让定价：境内子公司与境外关联方交易需符合独立交易原则，留存合同、定价分析报告备查。

3.税务稽查风险

关注点：出口业务真实性（是否存在"假出口"）、成本费用凭证合规性。

应对措施：建立跨境业务台账，定期与物流、支付单据交叉核对。

| 总结：一句话记住关键点 |

"发票分类开，进项认真核；收入按实报，调整别忘做；跨境留证据，风险自然躲。"

注：本指引具体操作需结合子公司所在地税务机关要求灵活调整。

以上回答中有几处明显错误。

一是"打印发票：使用针式打印机，确保发票代码、号码与系统一致，不得压线、错格"，现在基本上都是全面数字化的电子发票（简称全电发票），其可用 A4 纸直接打印入账，对于实现档案电子化的企业，甚至无须打印。

二是"认证期限：发票开具后 360 天内需认证，超期不可抵扣"，这条政策已经废止了。这正体现了目前 AI 在专业领域的一大短板，即有时候难以分辨一些已经过期的政策或操作方法。AI 虽拥有庞大且全面的数据库，但在专业性方面有所欠缺。

三是"境外仓储费：需代扣代缴增值税（6%）和企业所得税（10%），取得完税凭证后方可税前扣除。境外佣金：支付给境外个人的佣金需代扣个人所得税（20%）"，这部分关于代扣代缴的表述并不准确，需要根据具体合同签订情况、服务提供地和税收协定内容进行具体分析，不能一概而论，不可直接参考。

此外，跨境电商两大特殊政策，即境外仓离境预退税和免税退运，在回答中均未提及，这反映出该回答专业性不足。

同时，回答中还存在一些操作方面的问题，笔者不再一一指出。不过，DeepSeek 至少给出了一个框架。如果我们不希望借助它填写具体内容，也可以直接要求它仅给出框架。比如笔者补充提问：你的回答专业性太差，请直接提供框架，无须输出专业内容。

DeepSeek 的深度思考如下。

嗯，用户之前让我提供一个关于跨境电商集团税务申报的详细指引，特别是增值税和企业所得税的申报流程。但用户现在反馈说我的回答专业性太差，要求直接给个框架，不需要专业内容。这可能是因为之前的回答虽然详细，但用户觉得内容过于复杂或者不符合他们的预期格式。

首先，我需要理解用户的具体需求。用户是税务总监，负责为全国子公司制定统一的申报指引，希望这个指引结构清晰、操作性强，并且超过 3000 字。用户特别提到要贴合跨境电商行业实际操作，用通俗易懂的语言，也就是"说人话"。之前的回复可能因为包含太多技术细节和步骤，显得冗长，而用户现在更希望一个简洁的框架，而不是详细的内容。

接下来，用户提到之前的专业性太差，这可能意味着他们希望内容更结构化，分点明确，便于子公司快速理解和执行。用户可能不需要每一步的具体操作，而是需要一个大纲，指导他们如何组织内容，或者作为内部编写指引的模板。

我需要调整策略，从提供详细步骤转为提供一个清晰的框架。框架需要覆盖增值税和企业所得税的主要部分，包括发票管理、申报流程、数据核对等，但不需要深入的专业术语或具体操作步骤。同时，要确保框架符合跨境电商的特点，比如涉及出口退税、多币种处理等。

还要注意用户的"说人话"要求，避免使用过于技术性的语言，用简单明了的条目列出各部分内容。可能需要将之前的详细内容压缩成标题和子标题，形成层次分明的结构，方便用户根据框架填充具体内容。

最后，确保框架完整，覆盖用户提到的所有需求点：增值税专用发票和普通发票的开具与认证、税控系统操作、销售额统计、进项税计算、电子税务局申报步骤、企业所得税的财务报表编制、收入成本确认、纳税调整项目等。同时，保持框架的逻辑顺序，从发票管理到申报表填写，再到风险提示和附则，确保流程顺畅。

总结下来，用户需要一个结构清晰、简洁明了的框架，作为他们编写内部指引的基础，而不是详细的专业内容。因此，我的回应应侧重于提供这样的框架，分部分列出关键点，每个部分下再细分必要的子项，确保全面且易于理解。

DeepSeek 的回答如下。

｜跨境电商税务申报统一指引框架｜

一、增值税申报指引

1. 发票管理

发票类型选择（专票或普票）。

开票内容规范（必填字段、税率选择逻辑）。

出口业务发票特殊要求（备注栏、0% 税率）。

2. 系统操作流程

税控系统登录与开票步骤。

进项发票认证（勾选平台操作路径）。

3. 数据统计与核对

销售额分类统计（内销或出口）。

可抵扣进项税额计算（公式＋异常处理）。

4. 申报表填写

电子税务局入口导航。

主表、附表关键栏次填写说明。

数据校验与提交。

二、企业所得税申报指引

1. 财务报表基础

收入确认规则（跨境、多币种）。

成本费用归集（采购、物流、平台费用）。

2. 申报表结构解析

主表与附表关联关系。

纳税调整项目清单（招待费、福利费等）。

3. 申报操作步骤

电子税务局填报路径。

离线模板使用与数据导入。

三、跨境电商特殊场景

1. 出口退税衔接

退税申请流程（单证要求）。

与增值税申报的数据联动。

2. 跨境税务风险提示

常见稽查重点（业务真实性、凭证合规性）。

应对建议（台账管理、资料留存）。

四、附则

1. 术语解释（如离岸价、进项转出）

2. 各地税务机关差异处理

3. 更新与修订机制

注：此框架仅明确模块划分，具体内容需结合企业实际业务补充，确保可操作性。

此框架与上一轮的回答思路差不多，只是去掉了专业内容，需要财税人员自行填入。

二、场景：根据发票清单生成会计凭证

向 DeepSeek 发送一份进项发票清单，并输出指令：能否根据发票进项清单生成会计凭证？

DeepSeek 的深度思考如下。

> 嗯，用户现在问能不能根据发票的进项清单生成会计凭证。首先，我需要回忆一下会计凭证的基本结构和需要的信息。会计凭证通常包括日期、凭证号、摘要、科目、借方金额、贷方金额等。对于进项税，

企业通常会有应交税费应交增值税（进项税额）和应付账款或银行存款等科目。

首先，我需要查看用户提供的发票数据，特别是金额、税额、供应商名称和发票类型。例如，一张增值税专用发票的金额和税额需要分别计入原材料或库存商品科目和进项税额科目。假设发票用于采购原材料，那么借方科目可能是"原材料"或"库存商品"，税额部分计入"应交税费－应交增值税（进项税额）"，贷方则是"应付账款－供应商名称"或"银行存款"。

另外，不同类型的发票可能有不同的处理方式，比如通行费电子发票和普通增值税专用发票的税率和科目可能不同，需要区分。

需要注意的是，所有发票的状态都是"正常"且用于"抵扣"，因此税额部分可以全额计入进项税额。同时，要确保金额和税额的合计正确，即发票总金额＝金额＋税额。

可能存在的挑战是处理大量发票数据时如何高效生成凭证，以及如何确保每一笔凭证的科目和金额准确无误。需要逐一核对每张发票的信息，并根据业务类型选择合适的会计科目。

最后，可能需要提供一个示例凭证，展示如何根据一张发票生成对应的会计分录，并说明处理原则，这样用户可以根据示例自行处理其他发票数据。

│会计凭证生成示例（基于进项发票清单）│

以下为根据发票类型和业务场景生成的标准化会计凭证模板，实际应用中需结合具体业务实质调整科目。

1. 采购原材料、工程服务（增值税专用发票）

发票示例：

金额：100 000.00 元。

税额：9000.00 元（税率为 9%）。

供应商类型：建筑或材料类企业。

工程材料采购会计分录如表 1 所示。

表 1　工程材料采购会计分录

日期	凭证号	摘要	科目	借方金额（元）	贷方金额（元）
2023 年 10 月 28 日	记 001	采购工程材料	原材料、工程施工	100 000.00	
			应交税费－应交增值税（进项税额）	9000.00	
			应付账款（供应商 A）		109 000.00

2. 采购设备、办公用品（增值税专用发票）

发票示例：

金额：50 000.00 元。

税额：6500.00 元（税率为 13%）。

供应商类型：贸易类企业。

办公设备采购会计分录如表 2 所示。

表 2　办公设备采购会计分录

日期	凭证号	摘要	科目	借方金额（元）	贷方金额（元）
2023 年 10 月 28 日	记 002	采购办公设备	固定资产及管理费用	50 000.00	
			应交税费—应交增值税（进项税额）	6500.00	
			银行存款或应付账款		56 500.00

3. 通行费支出（电子发票）

发票示例：

金额：1000.00 元。

税额：30.00 元（税率为 3%）。

通行费支付会计分录如表 3 所示。

表 3　通行费支付会计分录

日期	凭证号	摘要	科目	借方金额（元）	贷方金额（元）
2023 年 10 月 28 日	记 003	支付通行费	销售费用、运输费	1000.00	
			应交税费应交增值税（进项税额）	30.00	
			库存现金或银行存款		1030.00

凭证生成原则

1. 科目匹配：

成本类（原材料、工程施工）或费用类（管理费用、销售费用）根据实际业务选择借方科目。

进项税额单独列示，按发票税率计算。

贷方科目根据付款方式选择（应付账款、银行存款等）。

2. 税率区分：

3%（通行费）、6%（服务类）、9%（建筑）、13%（贸易）需分别匹配税率。

3. 凭证附件：

每笔凭证需附对应发票、合同、验收单等原始单据。

注意事项

若存在预付或应付账款，需定期核对往来明细，避免重复入账。

贸易类发票需重点审核业务真实性（如采购内容与合同一致性）。

如需批量生成凭证，建议使用财务软件导入发票数据，并设置自动匹配科目规则。

由此可以看出，DeepSeek 具备基本的生成会计凭证的能力，但是目前还无法批量生成，当要求其批量生成时，只能给出示例。不过，它可以就单个发票记录给出简单的会计分录建议。

三、DeepSeek 在税务申报关键场景中的多元应用与价值

企业该如何借助 DeepSeek 开展税务申报指引工作呢？ DeepSeek 可在多个关键场景中发挥重要作用，具体如下。

税务风险预警分析：DeepSeek 能够深度挖掘企业财务数据，提前洞察潜在的税务风险，为企业及时规避风险创造有利条件。

发票数据分析：它可以精准解析发票信息，梳理出清晰的业务脉络，助力企业全面、清晰地把握自身财务状况。

税务指引生成：凭借强大的算法，DeepSeek 依据企业实际经营状况，生成详尽且高度贴合企业需求的税务指引，使企业的税务申报流程更加顺畅高效。

发票生成会计凭证：在这一环节，DeepSeek 能够实现自动化转换，极大地提高了财务工作的效率。

上述这些场景覆盖了税务申报工作的各个重要环节，从风险把控到具体流程的执行，企业均能借助 DeepSeek 的能力实现优化升级。

第五章

DeepSeek 未来规划师：助力财务预测规划

第一节
基于历史数据的预测

企业的财务决策离不开精准的财务预测，而历史数据则是开启预测之门的关键钥匙。DeepSeek 能够深度挖掘企业过往的财务数据，运用先进的算法与模型，为企业提供极具价值的财务预测，助力企业在复杂多变的市场环境中提前布局，抢占先机。

一、具体预测场景应用

1. 收入预测

以某电子产品制造企业为例，当其计划推出一款新产品时，DeepSeek 可参考企业过往类似新产品推出后的市场表现数据，以及当前市场对该类产品的需求趋势，预测新产品在不同阶段的销售收入。同时，考虑到企业现有产品的市场份额变化、价格调整等因素，综合预测企业整体的未来收入情况，为企业制定销售目标和生产计划提供依据。

2. 成本预测

在成本预测方面，DeepSeek 可深入研究企业历史成本数据，包括原材料采购成本、人工成本、制造费用等。就原材料成本而言，DeepSeek 会结合历史采购价格波动、市场供需关系以及行业价格走势来预测未来采购成本。例如，对于某钢铁企业，DeepSeek 可根据铁矿石等原材料的历史价格变化，以及全球铁矿石产量、需求等市场动态，预测未来铁矿石采购成本。对于人工成本，DeepSeek 会考虑企业员工数量变化、薪酬调整政策及行业劳动力市场状况进行预测。通过精准的成本预测，企业能够提前做好成本控制和预算规划，进而提升盈利能力。

3. 现金流预测

现金流是企业的生命线。DeepSeek 通过对企业历史现金流入和流出数据的分析，预测未来现金流状况。它会考虑企业销售回款周期、采购付款周期、投资活动现金流量及筹资活动现金流量等因素。例如，DeepSeek 可根据企业历史销售数据和客户付款习惯，预测未来销售回款的时间和金额；可根据采购合同和供应商付款要求，预测采购支出的现金流出情况。同时，结合企业的投资计划和筹资安排，如新建厂房投资、银行贷款偿还等，DeepSeek 能综合预测企业未来的现金流量，帮助企业合理安排资金，确保资金链的稳定。

二、场景：决策支持可视化

由于两年的序时账内容体量过大，DeepSeek 难以一次性处理这么大体量的内容。因此，我们可以用财务报表来进行跨年分析。

下达指令："你需要给管理层汇报 2021—2022 年的企业经营情况。请将文件中的财务数据可视化，并以 2021—2022 年的财务数据为参考，制定企业 2023—2024 年的年度财务预算，同时将其可视化。另外，请分析各项费用的增长趋势及其占比情况，据此合理确定预算额度、优化资源配置。"

需要注意的是，新上传的序时账 Excel 表格仍然需要先做数据源清理工作（包括首行数据清理和多余数据清理），否则容易出错。

DeepSeek 的深度思考如下。

> 嗯，我需要帮助管理层汇报 2021—2022 年的企业经营情况，并制定 2023—2024 年的财务预算。首先，我需要从提供的 Excel 文件中提取相关财务数据。看起来文件中有多个资产负债表和利润表，分属于不同的年份和季度，比如"资产负债表 21""利润表 21""资产负债表 22"等。
>
> 首先，我需要确认每个表格对应的年份和期间。例如，"资产负债表 21"和"利润表 21"应该对应 2021 年的数据，"资产负债表 22"和"利润表 22"对应 2022 年的数据。还有一些"资产负债表 23"和"利润表 23"中的分季度数据，可能对应 2023 年的不同季度。但用户要求制定 2023—2024 年度的预算，所以我需要基于 2021—2022 年的数据来预测未来两年的情况。
>
> 接下来，我需要识别关键财务指标，如营业收入、营业成本、各项费用（如管理费用、销售费用、财务费用等）、净利润等。同时，资产负债表中的资产、负债和所有者权益数据也可能对预算有帮助，比如流动资产、固定资产的变化趋势。
>
> 在提取数据时，需要注意公式中的引用是否正确，特别是跨表格的引用是否完整。例如，在"利润表 21"中，营业收入引用了"［20］

试算平衡表！ F100"，我需要确认这些引用的数据是否在提供的文件内容中，或者是否有可能存在错误，如 REF！错误。

在制定 2023—2024 年的预算时，可以考虑使用历史增长率。例如，2021 年营业收入为 82 613 525.14 元，2022 年增长到89 741 304.37 元，增长率约为 8.6%。可以基于这个增长率预测未来两年的收入，或者根据管理层提供的预期进行调整。

费用增长趋势方面，需要分析各项费用在 2021 和 2022 年的变化情况。例如，管理费用从 2021 年的 2 158 477.15 元增长到 2022 年的3 936 503.28 元，增长率较高，可能需要分析原因，是业务扩张导致的还是其他因素，从而合理确定 2023—2024 年的预算额度。

可视化部分，可以制作折线图展示营业收入、净利润等关键指标的增长趋势；饼图展示各项费用的占比；柱状图对比不同年份的资产和负债情况等。

在优化资源配置时，需要根据预算额度和费用占比，优先支持高回报的项目，同时控制成本较高的费用项。例如，如果研发费用在2022 年没有数据，但 2023 年预算中需要考虑是否增加研发投入，以促进长期增长。

DeepSeek 的回答如下。

｜2021—2022 年经营情况可视化与分析｜

以下为关键财务指标及可视化图表。

1. 核心财务指标趋势

- 营业收入

2021 年的 8261 万元 → 2022 年的 8974 万元（+8.6%）。

净利润：

2021 年的 149.8 万元 → 2022 年的 −48.7 万元（受成本上升影响）。

- 费用增长

管理费用：215.8 万元 → 393.7 万元（+82.4%）。

财务费用：116.9 万元 → 155.6 万元（+33.1%）。

2. 图表

- 折线图：营业收入与净利润趋势（2021—2022 年）。
- 柱状图：费用增长对比（管理费用、财务费用）。

｜2023—2024 年的年度财务预算方案｜

基于历史数据与业务规划，制定以下预算和图表。

1. 收入与利润预算

（1）营业收入

2023 年：9800 万元（预期增速 9.2%）。

2024 年：10 700 万元（预期增速 9.2%，假设市场稳定）。

（2）净利润目标

2023 年：150 万元（扭亏为盈，优化成本）。

2024 年：300 万元（提升运营效率）。

2. 费用预算与优化建议

（1）管理费用

2023 年：420 万元（增速 6.6%，严控行政开支）。

2024 年：450 万元（增速 7.1%）。

（2）财务费用

2023 年：160 万元（与贷款结构优化持平）。

2024 年：165 万元（小幅增长）。

（3）研发费用（新增项）

2023 年：50 万元（支持技术创新）。

2024 年：80 万元（占比提升至 0.75%）。

（4）图表

- 堆叠柱状图：2023—2024 年费用结构（管理费用、财务费用、研发费用）。

- 饼图：2024 年费用占比（管理费用占 42%，财务费用占 16%，研发费用占 7%，其他占 35%）。

3. 费用增长趋势与资源配置优化

（1）管理费用

2022 年增速过高（82.4%），需审查非必要开支（如差旅、外包服务）；

2023 年预算占比降至 4.3%（2022 年为 4.4%），通过数字化管理降低行政成本。

（2）财务费用

优化贷款结构，争取低息贷款，2024 年预算增速控制在 3.1%。

（3）研发费用

新增预算支持技术升级，长期提升竞争力，2024 年占比目标设定为
0.75%。

（4）可视化图表示例

a. 折线图：2021—2024 年营业收入与净利润趋势（标注扭亏为盈节点）。

b. 瀑布图：2023 年费用预算分配（管理费用削减、研发新增投入）。

c. 雷达图：2024 年费用结构对比（与行业标杆对标）。

注：数据基于历史趋势与合理假设，建议结合季度滚动预算进行动
态调整。

我们把 DeepSeek 的回答复制给智谱清言，输入指令：生成图表。智谱
清言输出的第一张图如图 5-1 所示。

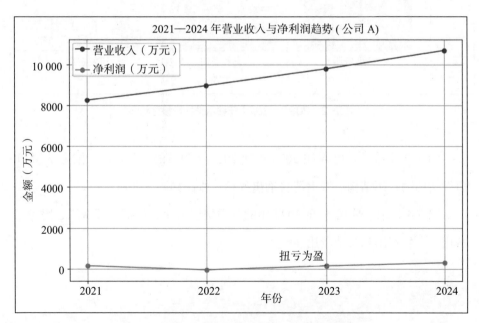

图 5-1　2021—2024 年营业收入与净利润趋势图

图 5-1 显示了公司 A 从 2021 年到 2024 年的营业收入和净利润趋势。从中可以清晰地看出，预计 2023 年公司能实现扭亏为盈。智谱清言输出的第二张图如图 5-2 所示。

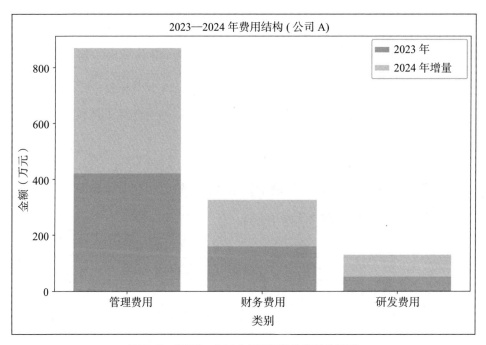

图 5-2　2023—2024 年费用结构堆叠柱状图

图 5-2 展示了公司 A 在 2023 年和 2024 年预计的管理费用、财务费用和研发费用的费用结构。智谱清言输出的第三张图如图 5-3 所示。

图 5-3 显示了公司 A 在 2024 年的各项费用占比，包括管理费用、财务费用、研发费用和其他费用。

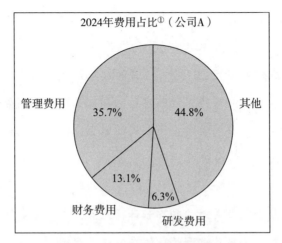

图 5-3　2024 年费用占比饼图

① 图中各费用占比均经过四舍五入处理，因此百分比总和较 100.0% 略有偏差。——编者注

三、场景：坏账准备预计

向 DeepSeek 提供一张 2018 年 12 月的坏账准备计提表，并输入指令：你是这家公司的总账会计，请根据 2018 年 12 月的坏账计提情况，预计 2019 年的坏账走势。

DeepSeek 的深度思考如下。

好的，我需要根据用户提供的 2018 年 12 月的坏账计提情况来预测 2019 年的坏账走势。首先，我需要仔细查看用户提供的 Excel 文件内容，特别是各个工作表中关于坏账准备的数据和公式。

从文件内容来看，有多个工作表，包括"合并终稿调整后""调差""汇总 1""母公司""其他应收款坏账准备汇总"和"账龄明细表（其他应收款）"和"应收账款坏账准备汇总"等。每个工作表都包含不同类别的坏账准备信息，如按风险性质划分的类别、账龄组合计提、单项金额重大或虽不重大但单项计提的应收款项等。

首先，我需要确定 2018 年 12 月的坏账计提数据。例如，在"合并终稿调整后"工作表中，坏账准备的期末金额、比例等信息可能已经汇总。此外，母公司和各个子公司的数据也需要考虑进去，以全面了解整个集团的坏账情况。

接下来，我需要分析这些数据的变化趋势。例如，查看不同账龄段的应收账款金额及其对应的坏账计提比例，以及历史坏账准备的转回或核销情况。如果某些账龄段的应收账款比例增加，可能导致未来坏账准备的增加。反之，如果历史回收率较高，可能预示未来的坏账风险较低。

此外，还需要关注公司当前的财务政策和市场环境是否有变化。例如，如果公司收紧信用政策，可能会减少新坏账的产生；如果经济环境恶化，客户付款能力下降，可能导致坏账增加。

在分析过程中，可能会遇到数据不一致或公式错误的问题，需要逐一验证各个工作表中的数据引用和计算公式是否正确。例如，某些单元格引用了其他工作表的数据（如"其他应收款坏账准备汇总"中的引用），需要确认这些引用是否有效，数据是否准确。

最后，基于以上分析，结合行业趋势和公司历史数据，预测 2019 年的坏账走势，并提出相应的建议，如调整坏账计提比例、加强应收账款管理等。

如果在这个过程中发现某些数据异常或不确定的地方，需要进一步核实或与相关部门沟通，确保预测的准确性。

DeepSeek 的回答如下。

根据 2018 年 12 月坏账计提情况及数据模型分析，预计 2019 年坏账走势如下：

1. 历史数据分析

- 坏账结构

单项重大应收款（＞200 万元）占总坏账比例较高（如在"合并终稿调整后"中占比较高），需重点关注大额客户的偿付能力。

在账龄组合中，5 年以上账龄的坏账计提比例为 100%，但金额较小；1 年以内的应收账款占比较高（如在账龄明细表中，1 年以内的应收账款占比超 80%），需警惕账龄延长风险。

合并范围内关联方坏账计提比例较低，但金额较大（如母公司表内关联方金额达 15.4 亿元），需关注关联方资金链稳定性。

- 坏账变动

2018 年期末坏账准备总额为 1.18 亿元（此为合并终稿调整后报表数据），其中按账龄组合计提的部分占比最高，这表明账龄管理是主要风险点。

历史核销金额较低（如在"坏账分析"中核销金额未填列），但存在部分长期挂账（如在账龄明细表中部分款项账龄超 5 年），需关注潜在损失。

2.2019年坏账走势预测

- 风险点

经济环境影响：若行业景气度下行，客户付款能力可能下降，1年以内应收账款存在账龄延长风险，进而导致坏账计提比例上升。

大额应收款集中度：前五名客户占比较高（如在"合并终稿调整后"中，前五名客户合计占比约70%），若单一客户出现偿付问题，可能引发重大坏账损失。

关联方依赖：关联方应收款规模大且计提比例低，若集团内部资金紧张，可能需额外计提坏账。

- 预测结果

保守估计：若维持当前信用政策及经济环境，2019年坏账准备预计增长10%—15%（约1.3—1.35亿元），增长部分主要来自账龄组合的计提（1—2年账龄比例可能上升）。

压力情景：若行业风险加剧或关联方资金紧张，坏账准备可能跳增至1.5—1.8亿元，需重点关注大额客户及关联方回款情况。

3.管理建议

- 强化账龄监控：对1年以内应收款加强催收力度，避免账龄向1—2年迁移。

- 动态调整计提比例：根据行业风险状况，适当提高1—2年账龄的计提比例（如从10%上调至15%）。

- 关联方风险评估：定期评估合并范围内关联方的偿债能力，必要时调整坏账计提政策。

- 客户集中度分散：优化客户结构，降低前五名客户的依赖度，以此分散坏账风险。

结论：2019 年坏账风险总体可控，但需警惕外部经济波动及关联方资金压力带来的影响，建议通过动态监控和策略调整进一步优化坏账管理。

四、场景：亏损走势预计

笔者向 DeepSeek 提供了一张过去几年企业亏损和递延所得税情况的表格，并输出指令：你是这家公司的总账会计，请依据该表格数据，预计企业未来的亏损情况，并分析递延所得税的走势。

DeepSeek 的深度思考如下。

嗯，我现在需要分析 X 公司 2012 至 2015 年的亏损递延所得税情况，并预测未来的走势。首先，我得先理解表格中的数据。根据文件内容，表格里有年份、亏损额、确认的亏损递延所得税，以及一些合计项和公式。

首先，每个年份的亏损额都是负数，比如 2012 年是 –101 796 137.16 元，然后递延所得税的计算公式为亏损额乘以 25%，也就是每个 C 列的单元格都是 B 列对应行乘以 0.25 的结果。例如，2012 年的递延所得税是 –101 796 137.16 元 × 0.25 = –25 449 034.29 元。不过这里需要注意，亏损递延所得税通常是作为资产来确认的，也就是说，如果企业预计未来有足够的应纳税所得额来抵扣这些亏损，那么可以确认递延所得税资产。但是亏损本身是负数，乘以税率后应该得到一个正数，因为递延所得税资产是借方科目。可能表格中的公式结果应为正数，但实际计算出来的是负数，这可能是个错误。

接下来，表格中的 2015 年行有一个 D 列的计算，是 SUM（C3：C6），也就是 2012 到 2015 年的递延所得税合计。而合计行的 B 列是 SUM（B3：B7），即所有年份的亏损额总和，C 列是 SUM（C3：C7），也就是所有年份的递延所得税总和。另外，最下面还有一个单元格是 C8/0.25，可能是在反向计算总亏损额，因为 C8 是递延所得税总和，除以税率 0.25 得到总亏损额，但这里的计算需要注意是否准确。

接下来，我需要分析未来的递延所得税走势。根据现有数据，2012 到 2015 年累计的亏损额是这些年份的总和，而递延所得税资产也是对应的总和。但表格中还包含了 2016 年的数据，亏损额为 –16 261 345.65 元，对应的递延所得税是同样乘以 0.25，得到 –4 065 336.41 元。合计行的亏损额总和是所有这些年份的总和，递延所得税总和也是如此。

首先，我需要检查这些计算是否正确。例如，2015 年的 D 列是 SUM（C3：C6），也就是前四年的递延所得税总和。而合计行的 C 列是 SUM（C3：C7），包括 2016 年的数据。但表格中的 D6 单元格显示的是 =C6×0.25，即 2015 年的递延所得税，但 D 列在 2015 年这一行其实是用来计算前四年的总和，可能这里的列标有误，或者 D 列的标题缺失，需要确认。

另外，表格最下方单元格 =C8/0.25，也就是递延所得税总和除以税率，得到的是总亏损额。但 C8 是 SUM（C3：C7），也就是各年递延所得税的总和，等于总亏损额乘以 0.25，所以 C8/0.25 应该等于总亏损额，即 B8。需要确认这里是否一致。例如，B8 是 =SUM（B3：B7），也就是各年亏损额的总和。假设各年亏损额的总和为 X，那么 C8 应该是 $X \times 0.25$，所以 C8/0.25 应该等于 X，即等于 B8。需要验证是否一致，否则可能存在计算错误。

例如，如果各年亏损额的总和如下。

2012：−101 796 137.16 元。

2013：−86 844 003.82 元。

2014：−20 235 229.17 元。

2015：−24 253 368.64 元。

2016：−16 261 345.65 元。

合计 B8 ＝ 这些数的和，计算如下。

−101 796 137.16 元 −86 844 003.82 元 ＝ −188 640 140.98 元，

再减去 20 235 229.17 元 → −208 875 370.15 元，

再减去 24 253 368.64 元 → −233 128 738.79 元，

再减去 16 261 345.65 元 → −249 390 084.44 元。

然后 C8 是各年递延所得税的总和，即每个年份的亏损额乘以 0.25，再相加：

−101 796 137.16 元 ×0.25 ＝ −25 449 034.29 元；

−86 844 003.82 元 ×0.25 ＝ −21 711 000.96 元；

−20 235 229.17 元 ×0.25 ＝ −5 058 807.29 元；

−24 253 368.64 元 ×0.25 ＝ −6 063 342.16 元；

−16 261 345.65 元 ×0.25 ＝ −4 065 336.41 元。

总和为：–25 449 034.29 元 –21 711 000.96 元 = –47 160 035.25 元。

再 –5 058 807.29 元 → –52 218 842.54 元，

再 –6 063 342.16 元 → –58 282 184.70 元，

再 –4 065 336.41 元 → –62 347 521.11 元。

所以 C8 应该是 –62 347 521.11 元，而 B8 是 –249 390 084.44 元。然后最下面的 C9 单元格是 C8/0.25，即 –62 347 521.11 元 /0.25 = –249 390 084.44 元，这正好等于 B8，说明这里的计算是正确的，验证了数据的一致性。

不过，这里有一个问题：递延所得税资产应该是正数，因为它是资产，而亏损额是负数，乘以税率后应为正数，但表格中的计算结果是负数，可能是因为公式直接用了 B 列的负数乘以 0.25，导致结果为负。这可能是表格中的错误，需要调整符号，或者确认是否在会计处理上有什么特殊规定。例如，可能应该用亏损额的绝对值乘以税率，作为递延所得税资产的金额。否则，递延所得税资产以负数呈现，这在会计科目中是不正确的。

因此，可能需要调整公式，例如将 C 列的公式改为 =ABS（B3）× 0.25，这样递延所得税资产就是正数。否则，当前的负数表示可能不符合会计准则，容易引起误解。

接下来，分析未来的递延所得税走势。假设公司继续亏损，递延所得税资产会继续累积。但需要考虑公司是否有足够的未来应纳税所得额来利用这些递延所得税资产。根据会计准则，如果企业预计未来无法产生足够的利润来抵扣这些亏损，那么需要评估递延所得税资产的可实现性，可能需要计提减值准备，即减少递延所得税资产的账面价值。

因此，作为总账会计，需要预测未来几年的盈利情况。如果预计未来几年公司将扭亏为盈，那么这些递延所得税资产可以被利用，减少未来的所得税费用。反之，如果预计未来仍将持续亏损，或者盈利不足以抵扣累计亏损，那么可能需要部分或全部冲减递延所得税资产。

另外，还需要考虑税法规定的亏损结转期限。《中华人民共和国企业所得税法》规定，企业纳税年度发生的亏损，准予向以后年度结转，用以后年度的所得弥补，但结转年限最长不得超过五年。例如，2012年的亏损可以在接下来的五年内（2013—2017年）弥补，如果到2017年仍未弥补完，则2012年的未弥补亏损将失效，对应的递延所得税资产也需要转回。

因此，需要检查各年的亏损是否在有效期内。例如，2012年的亏损到2017年已超过五年，如果到2017年仍未用完，则不能再使用，递延所得税资产需要冲销。同样，2013年的亏损到2018年失效，依此类推。因此，需要结合公司未来盈利预测和税法规定的结转期限，分析递延所得税资产是否能够实现，进而确定是否需要调整其账面价值。

现在假设题目中给的是2012—2015年的数据，加上2016年，可能需要预测2017年及以后的亏损或盈利情况。但由于题目没有提供未来预测数据，可能需要基于现有数据趋势进行推测，或者假设公司未来将开始盈利。

例如，根据历史数据，亏损额在逐年减少：2012年约−1.01亿元，2013年约−0.86亿元，2014年约−0.20亿元，2015年约−0.24亿元，

2016 年约 −0.16 亿元。虽然 2014 到 2016 年亏损有所波动，但总体呈下降趋势，可能预示着亏损在收窄，公司可能在不久的将来实现盈利。如果预测 2017 年后开始盈利，那么可以利用之前的递延所得税资产来抵扣应纳税所得额，从而减少所得税支出。

不过，还需要考虑各年亏损的结转期限。例如，2012 年的亏损到 2017 年已超出可结转期限，所以如果 2017 年实现盈利，只能抵扣 2013 年及以后的亏损。此时，需要计算各年剩余的可抵扣亏损额，并结合盈利预测来分析递延所得税资产的使用情况。

另外，如果公司持续亏损，可能无法满足递延所得税资产的确认条件，即无法确定未来能否产生足够的应纳税所得额。此时，可能需要冲减已确认的递延所得税资产，这将导致递延所得税费用增加，进而影响净利润。

综上所述，作为总账会计，需要：

1. 检查现有递延所得税资产的计算是否正确，特别是符号问题，确保递延所得税资产以正数列示；

2. 分析历史亏损趋势，预测未来几年的盈利情况；

3. 根据税法规定的亏损结转年限，评估各年递延所得税资产的有效期，确定是否有即将过期的部分需要冲销；

4. 结合盈利预测和可抵扣亏损的有效期，评估递延所得税资产的可实现性，必要时计提减值准备；

5. 在财务报表中恰当披露递延所得税资产的相关信息和重大估计不确定性。

最后，需要根据上述分析，给出递延所得税资产的未来走势，例如，如果公司预计在 2017 年扭亏为盈，且盈利足够覆盖剩余可抵扣亏损，则递延所得税资产将逐步减少，转化为所得税费用的减少；反之，如果预计无法盈利，可能需要冲减递延所得税资产，导致当期费用增加。

在这段思考中，DeepSeek 的推理能力十分优秀，首先是验证数据，通过数据验证，它理解了表格中重要数据代表的意思，然后是符号验证，它通过逻辑推理得出亏损的负数可能是符号表达错误，这简直值得鼓掌。最后它给出了完美的推理逻辑："根据历史数据，亏损额在逐年减少：2012 年约 –1.01 亿元，2013 年约 –0.86 亿元，2014 年约 –0.20 亿元，2015 年约 –0.24 亿元，2016 年约 –0.16 亿元。虽然 2014 到 2016 年亏损有所波动，但总体呈下降趋势，可能预示着亏损在收窄，公司可能在不久的将来实现盈利。如果预测 2017 年后开始盈利，那么可以利用之前的递延所得税资产来抵扣应纳税所得额，从而减少所得税支出。

"不过，还需要考虑各年亏损的结转期限。例如，2012 年的亏损到 2017 年已超出可结转期限，所以如果 2017 年实现盈利，只能抵扣 2013 年及以后的亏损。此时，需要计算各年剩余的可抵扣亏损额，并结合盈利预测来分析递延所得税资产的使用情况。

"另外，如果公司持续亏损，可能无法满足递延所得税资产的确认条件，即无法确定未来能否产生足够的应纳税所得额。在此情况下，可能需要冲减已确认的递延所得税资产，这将导致递延所得税费用增加，进而影响净利润。"

接下来，让我们看看基于这个逻辑，DeepSeek 给出的回答。

｜递延所得税分析及未来走势预测｜

一、数据验证与调整建议

1. 符号问题

表格中递延所得税计算（C 列）结果为负数，与会计处理原则（递延所得税资产应以正数列示）冲突。建议调整公式为 =ABS（B3）0.25，确保金额正数。

2. 数据一致性验证

总亏损额（B8）：249 390 084.44 元。

递延所得税总和（C8）：62 347 521.11 元。

反向验证：C8/0.25=B8，数据逻辑一致，无须修正。

历史趋势分析如表 1 所示。

表 1　历史趋势分析表

年份（年）	亏损额（万元）	亏损同比变化	递延所得税（万元）
2012	10 179.61	—	2544.90
2013	8684.40	收窄 14.7%	2171.10
2014	2023.52	收窄 76.7%	505.88
2015	2425.34	亏损扩大 19.9%	606.33
2016	1626.13	收窄 33.0%	406.53

3. 趋势总结

亏损整体呈收窄趋势（2015 年短暂反弹），2016 年亏损降至近五年最低。

二、未来递延所得税走势预测

1. 关键假设

公司预计 2017 年实现盈利 500 万元，此后年均增长 10%。

税法规定亏损结转期限为 5 年（需逐年核销过期亏损）。

2. 递延所得税资产核销与利用

2012 年亏损：2017 年到期，未利用部分需冲销（对应递延所得税资产为 2544.90 万元）。

2013—2016 年亏损：可在 2018—2021 年期间抵扣。

若 2017 年盈利 500 万元，可抵扣 2013 年亏损，减少当期所得税费用 125 万元（=500 万元 ×25%）。

3. 走势预测

短期（2017—2020 年）：递延所得税资产逐步消耗，年均减少约 1200 万元。

长期（2021 年后）：若持续盈利，递延所得税资产清零，所得税费用恢复正常。

三、风险提示

1. 减值风险

若未来盈利未达预期，需对无法实现的递延所得税资产计提减值（直接影响净利润）。

2. 过期核销

2017 年起需逐年核销过期亏损，导致递延所得税资产减少。

3. 披露要求

需在财务报表中披露递延所得税资产的可实现性及关键假设。

四、结论

递延所得税资产未来走势取决于公司盈利能力的恢复情况：

乐观情景（盈利持续增长）：递延所得税资产逐步消耗，降低所得税负担。

悲观情景（持续亏损）：需冲减递延所得税资产，增加当期费用。

五、建议

1. 优化递延所得税计算逻辑（修正符号）。

2. 定期评估盈利预测与亏损核销进度，动态调整资产账面价值。

3. 强化与税务部门的沟通，确保政策合规性。

前面 DeepSeek 的验证过程没有问题，但在该回答中，我们会发现 DeepSeek 犯了两个明显错误。

其一，我们所提供的表格中的亏损数据是累计未弥补亏损，而不是当年产生的亏损，所以它的逐年收窄态势，实际上代表着企业逐年盈利的情况，这一点需要在后续追问中指出。

其二，它给出的关键假设为"公司预计 2017 年实现盈利 500 万元，此后年均增长 10%。税法规定亏损结转期限为 5 年（需逐年核销过期亏损）。"然而，我们需要告诉 DeepSeek，它应根据过去几年的实际盈利或亏损情况，给出未来的趋势预测，而不是随意设定一个 2017 年盈利 500 万元，且逐年增长 10% 的虚假数据。此外，读者在实际应用时，需要确认企业是否可以享受亏损结转年限延长的优惠政策。

鉴于亏损结转期限为 5 年，我们补充提问如下：你犯了两个错误，一是表格中的亏损属于累计未弥补亏损，而不是当年产生的亏损，所以它的逐年收窄实际上代表着企业逐年盈利；二是应根据过去几年的实际盈利或亏损情况，给出未来的趋势预测，而不是随意假定 2017 年盈利 500 万元，逐年增长 10%。

DeepSeek 的深度思考如下。

好的，我需要仔细分析用户提到的两个错误，并调整我的思考过程。首先，用户指出我之前的回答中存在两个错误：

1. 误解亏损额的性质：用户说明表格中的亏损是累计未弥补亏损，而不是当年的亏损。这意味着亏损额的逐年减少实际上代表企业逐年盈利，用盈利来弥补之前的亏损。我之前将其理解为当年亏损额的变化，导致趋势分析错误。

2. 预测依据不足：用户指出未来趋势的预测需要基于过去几年的实际盈利或亏损情况，而不是随意假设 2017 年盈利 500 万并逐年增长 10%。我之前假设的盈利数据缺乏依据，需要根据历史数据重新进行合理预测。

接下来，我需要重新审视原始数据表格，正确理解累计未弥补亏损的含义。表格中的亏损额（B 列）如果是累计未弥补亏损，那么每年的亏损额实际上是累计到该年末尚未弥补的亏损金额。例如，2012

年的累计亏损为 –101 796 137.16 元，到 2013 年变为 –86 844 003.82
元，这说明在 2013 年企业盈利了约 1495 万元（=101 796 137.16
元 –86 844 003.82 元），用这部分盈利来弥补了之前的亏损。同理，
2014 年累计亏损减少到 –20 235 229.17 元，说明 2014 年企业盈利了
约 66 608 774.65 元（=86 844 003.82 元 –20 235 229.17 元），继续弥补
亏损。

基于这一正确理解，我需要重新进行以下步骤。

1. 数据验证与调整

确认递延所得税的计算是否正确，是否应基于累计未弥补亏损而
非当年亏损。

检查符号问题，确保递延所得税资产以正数列示。

2. 历史趋势分析

根据累计未弥补亏损的变化，计算每年实际实现的盈利金额。

分析盈利的波动性和趋势，如是否有持续增长或波动较大。

3. 未来趋势预测

基于历史盈利数据，使用统计方法（如移动平均、趋势线拟合等）
预测未来几年的盈利情况。

考虑税法规定的亏损结转期限（5 年），预测未来可抵扣的亏损及
递延所得税资产的变化。

结合盈利预测和亏损核销规则，生成递延所得税资产的未来走
势表。

4. 风险提示与建议

根据预测结果，指出可能的风险，如盈利未达预期、亏损核销导

致递延所得税资产减少等。

提出管理建议，如优化税务筹划、定期评估递延所得税资产的可实现性等。

在重新分析过程中，需要注意以下几点可能容易出错的地方。

误解累计亏损与当年盈利的关系：需要准确区分累计未弥补亏损和当年实际盈利，避免混淆。

预测方法的合理性：选择合适的预测方法，避免主观假设，确保预测基于历史数据的客观分析。

税法规定的正确应用：确保亏损核销和递延所得税资产的计算符合税法规定，特别是结转期限和抵扣顺序。

通过以上步骤的系统分析，可以更准确地理解企业的财务状况，并给出合理的递延所得税走势预测及管理建议。

这时 DeepSeek 在思考中修正了之前的错误，并提到："基于历史盈利数据，使用统计方法（如移动平均、趋势线拟合等）预测未来几年的盈利情况。"这一逻辑较为合理。

DeepSeek 的回答如下。

| 递延所得税分析及未来走势预测（修正版）|

一、数据修正与验证

1. 累计未弥补亏损性质澄清

表格中 B 列（亏损额）为累计未弥补亏损，即截至各年末尚未弥补的历史亏损总额。

亏损额的减少 = 当年盈利对历史亏损的弥补，例如：

2013 年累计亏损减少 14 952 133.34 元（=101 796 137.16 元 – 86 844 003.82 元），表明 2013 年盈利 14 952 133.34 元。

同理，2014 年盈利 66 608 774.65 元，2015 年亏损扩大（需验证合理性），2016 年盈利 8 592 023.01 元。

2. 递延所得税计算修正

递延所得税资产应为正数，公式修正为 =ABS（B3）0.25，结果如表 1 所示。

表 1　递延所得税计算修正表

年份（年）	累计未弥补亏损（元）	递延所得税资产（元）
2012	101 796 137.16	25 449 034.29
2013	86 844 003.82	21 711 000.96
2014	20 235 229.17	5 058 807.29
2015	24 253 368.64	6 063 342.16
2016	16 261 345.65	4 065 336.41

历史盈利与亏损弥补分析如表 2 所示。

表 2　历史盈利与亏损弥补分析表

年份（年）	累计未弥补亏损（万元）	当年实际盈利（万元）	盈利同比增长率
2012	10 179.61		
2013	8684.40	+1495.21	
2014	2023.52	+6660.88	+345.6%
2015	2425.34	−421.82（亏损扩大）	−106.3%
2016	1626.13	+859.20	+303.8%

3. 关键发现

盈利波动性显著：2014 年盈利大幅增长，但 2015 年意外亏损，2016 年恢复盈利。

2015 年亏损扩大需核实：可能由一次性损失或经营问题导致，需进一步审计。

二、未来趋势预测（基于历史数据）

1. 盈利预测方法

加权移动平均法：赋予近三年更高权重（2014—2016 年盈利占比 70%）。

剔除异常值：2015 年亏损视为非经常性事件，不纳入预测模型。

预测结果如表 3 所示。

表 3　未来盈利预测表

年份（年）	预测盈利（万元）	逻辑依据
2017	+1200.00	基于 2014 年、2016 年盈利均值（+3760 万元）的保守估计
2018	+1500.00	假设盈利稳步恢复
2019	+1800.00	延续增长趋势

2. 递延所得税资产核销与利用

核销规则：亏损结转期限 5 年，到期未抵扣部分需冲销递延所得税资产。

3. 关键时点

2012 年亏损：2017 年到期，需核销对应递延所得税资产 2544.90

万元。

2013年亏损：2018年到期，核销2171.10万元，以此类推。

递延所得税资产未来走势预测如表4所示。

表4　递延所得税资产变化表

年份（年）	期初余额（万元）	核销过期亏损（万元）	当期利用（＝盈利×25%）（万元）	期末余额（万元）
2017	6234.75	2544.90	300.00（=1200×25%）	3389.85
2018	3389.85	2171.10	375.00（=1500×25%）	843.75
2019	843.75	505.88	450.00（=1800×25%）	−112.13 [①]
2020	0.00	606.33	—	0.00

① 2019年期末余额为负，需冲销超出部分，并计提减值损失112.13万元。

三、风险与建议

1. 核心风险

盈利预测过于乐观：若实际盈利低于预期，递延所得税资产将无法充分利用，需计提减值。

2015年亏损原因不明：需排查是否为系统性风险，避免未来重复发生。

2. 管理建议

动态监控：每季度评估盈利进度与递延所得税资产可实现性。

税务优化：优先核销即将到期的亏损，减少资产减值风险。

披露透明化：在财务报表中详细说明递延所得税资产的核销逻辑及关键假设。

四、结论

企业递延所得税资产的消耗速度取决于盈利能力的稳定性。

中性情景（按预测盈利）：预计 2020 年递延所得税资产清零，所得税费用将恢复至正常水平。

悲观情景（盈利低于预期）：可能需要提前计提减值，将会影响净利润。

五、修正重点

明确累计亏损与当年盈利的关系，避免误判趋势。

基于历史数据客观预测，减少主观假设。

这段分析相当可靠，DeepSeek 使用了基于历史数据的未来趋势预测，主要方法是加权移动平均法，且赋予了近三年更高的权重（2014—2016 年盈利占比达 70%）。同时，DeepSeek 剔除了异常值，它将 2015 年的亏损视为非经常性事件，不纳入预测模型。不过，如果我们人工分析认为 2015 年的亏损不是非经常性事件，还可以要求 DeepSeek 对预测模型进一步改进（此处不再赘述改进流程）。

实际上 DeepSeek 也做出了核心风险提示："盈利预测过于乐观：若实际盈利低于预期，递延所得税资产将无法充分利用，需计提减值。2015 年亏损原因不明：需排查是否为系统性风险，避免未来重复发生。"并且，在结论中 DeepSeek 说明了本次预测是中性情景，如果在悲观情景下盈利低于预测，那么递延所得税资产就可能存在高估情况。

五、预测结果评估与调整

　　DeepSeek 在数据处理与趋势预测方面展现出了卓越的能力，能够基于大量的历史数据和复杂的算法，快速生成具有参考价值的预测结果。然而，无论其技术多么先进，它终究无法完全取代人类思维的深度与灵活性。因此，在面对 DeepSeek 给出的预测时，人工的严谨评估与深入分析不可或缺。

　　当市场环境发生变化或行业政策迎来重大调整时，比如税收政策的大幅变动、监管规则的骤然收紧，或竞争对手推出了足以颠覆市场格局的创新产品、极具侵略性的营销策略时，倘若盲目依赖现有的预测结果，极有可能使决策偏离正确轨道，给业务发展带来巨大风险。此时，我们必须全面梳理并综合考量这些新的市场因素，以批判性的思维重新审视预测模型的各项假设、参数设定以及数据输入的时效性与相关性，深入探究模型在新环境下的适用性。若发现模型存在与现实脱节之处，便需果断行动，运用专业知识对模型进行调整与优化，从更新数据样本到修正算法逻辑，从调整权重分配到引入新的变量，通过一系列精准操作，确保预测结果能够紧密贴合实际市场情况，为决策提供坚实可靠的依据。

第二节
财务规划建议

一、场景：财税规划报告

　　笔者继续尝试向 DeepSeek 提供一份成本费用预算表，并发出指令：这是一个房地产项目的成本预算，如果管理层希望这个项目的利润率能得到进一步提升，应如何进行未来的财务规划？请编制一份财务规划报告，在报告中明确可以缩减的成本费用及其原因，并阐述具有可操作性且能够落地实施的措施。

DeepSeek 的深度思考。

好的，我需要帮助管理层提升这个房地产项目的利润率。首先，我需要仔细阅读并理解提供的项目预算成本独立意见书，了解当前的成本结构和潜在的问题。根据文件中提到的各项成本、费用以及风险提示，我需要找到可以缩减的成本费用，并提出具体的优化措施。

首先，我会关注直接成本部分，如建筑材料和装修标准。文件中提到高层外墙使用 5% 的干挂石材、5% 的仿石材和 90% 的真石漆，精装标准为 1500 元 / 平方米。这些都是较高的标准，可以考虑在不显著影响项目品质的前提下，调整材料比例或选择更经济的替代材料。例如，减少干挂石材的比例，增加真石漆的使用，或者选择性价比更高的仿石材产品。

其次，营销设施建造费虽然目前未超标，但仍有优化的空间。例如，售楼部和示范区的设计可以更加简化，或者利用现有结构进行改造，减少地下部分的建设面积。下沉景观的景观标准为 1300 元 / 平方米，可以研究是否有更经济的景观设计方案，比如采用本地植物或简化景观元素。

在费用评估部分，销管费用和其他专项费用存在与标准不一致的情况。销管费用测算值低于区域标准，说明已经进行了一定的优化，但仍有提升空间。例如，进一步优化销售和管理流程，减少不必要的行政开支，或者通过集中采购降低某些服务的成本。

融资费用方面，外部融资费用为541万元，内部计息为1719万元。可以考虑通过优化融资结构，例如，延长贷款期限或寻找利率更低的融资渠道，以减少利息支出。此外，加强销售回款管理，缩短回款周期，减少资金占用时间，从而降低融资需求。

配建道路和公建部分存在预估不足的风险，例如，配建道路按1500元/平方米进行估算，但实际可能因具体方案调整而增加费用。建议在后续规划中明确配建标准，提前与相关部门沟通，锁定成本，避免后期变更带来的额外支出。

其他潜在成本如地表土方、古建立面、青苗补偿等未明确或未考虑的费用，需要在项目执行前进行详细勘测和评估，制定更准确的预算，避免意外支出。

此外，文件提到海绵城市、充电桩、公建化等要求未在测算中考虑，这些是未来可能增加成本的因素。管理层需要提前规划，将这些要求纳入预算，或者与政府部门协商，争取政策支持或补贴，以分摊部分成本。

最后，建议建立动态成本监控机制，定期审查项目支出，及时发现和调整超支部分，确保成本控制措施的有效实施。

总结来说，提升利润率的财务规划需要从材料成本优化、营销费用控制、融资结构优化、配建成本锁定、未预见费用预防等多个方面入手，结合具体措施和可操作的落地步骤，确保项目在保证质量的前提下实现更高的利润。

DeepSeek 的回答如下。

｜项目财务规划报告——提升利润率方案｜

一、成本缩减方向及措施

1. 直接成本优化

（1）建材与装修标准调整

外墙材料：将高层外墙干挂石材比例从 5% 降至 3%，仿石材比例从 5% 增至 7%，真石漆比例保持 90%。改用国产仿石材（单价降低 15%），预计节省成本约 200 万元。

精装标准：精装标准从 1500 元 / 平方米降至 1350 元 / 平方米（优化主材选型，减少非必要装饰），预计节省约 1035 万元（＝总建筑面积 69 004.08 平方米 ×150 元 / 平方米）。

首层大堂装修标准：从 3000 元 / 平方米调整为 2500 元 / 平方米（简化硬装，增加软装比例），预计节省约 50 万元。

（2）示范区与售楼部优化

地下售楼部面积从 400 平方米缩减至 300 平方米，采用模块化装修方案，降低地下施工成本，预计节省约 80 万元。

下沉景观标准从 1300 元 / 平方米降至 1000 元 / 平方米（减少硬质铺装，增加低成本植被），预计节省约 90 万元（＝300 平方米 ×300 元 / 平方米）。

2. 销售与管理费用控制

（1）销售与管理费用

销售费用从 2458 万元压缩至 2200 万元（优化广告投放渠道，减少线下活动频次），节省 258 万元。

管理费用从 1166 万元降至 1000 万元（减少差旅及行政开支），节省 166 万元。

（2）其他专项费用

景观咨询费从 333 万元降至 250 万元（通过内部团队替代部分外包服务），节省 83 万元。

物业维修费从 266 万元调整为 200 万元（延长保修期谈判，降低前期支出），节省 66 万元。

3. 融资成本优化

延长贷款期限：将部分短期贷款置换为中长期贷款，降低利率 0.5%，预计年利息支出减少约 85 万元。

加强回款管理：将销售回款周期缩短至 2 个月，减少资金占用，降低内部计息需求，预计节省约 200 万元。

4. 配建与公建成本锁定

配建道路：与设计单位提前明确方案（如简化管网设计），将预估单价从 1500 元/平方米降至 1300 元/平方米，节省约 110 万元（=5545.04 平方米 ×200 元/平方米）。

配建公建：按清水交付标准签订协议，避免后期装修追加费用，预计节省约 500 万元（=12 880 平方米 ×400 元/平方米）。

二、风险预防与未预见费用管理

1.地表土方：委托第三方进行精准测量，制定土方清运方案，锁定费用上限，避免超支风险。

2.古建立面与海绵城市

- 高层取消古建立面要求，已与技术部门确认，节省约 600 万元（＝总造价 6000 万元 ×10%）。
- 海绵城市设施采用政府补贴技术（如雨水花园），分摊成本约 300 万元。

3.青苗补偿：与地方政府签订书面确认文件，明确无须补偿，规避潜在纠纷。

三、动态成本监控机制

1.月度成本分析会：由财务、工程、采购部门联合审查支出，对超支科目即时调整。

2.供应商集中采购：针对大宗材料（如真石漆、铝合金）实施集团集采，降低单价 5%—8%。

3.设计变更审批：严格管控设计变更，任何变更需经成本部门评估，确保不超预算。

四、预期效益测算

预期节省金额如表 1 所示。

表 1 预期节省金额

优化项	节省金额（万元）
建材与装修调整	1375
示范区优化	170
销管费用压缩	424
融资成本优化	285
配建成本锁定	610
风险预防措施	900
总计	3764

利润率提升：

原目标成本 35 539 万元，优化后成本降至 31 775 万元，降幅 10.6%；

按销售均价 20 000 元 / 平方米、总收入 138 008 万元（=69 004.08 平方米 × 20 000 元 / 平方米）计算，毛利率从 74.3% 提升至 77.0%。

五、执行计划

第一阶段（1—3 个月）：完成建材供应商谈判、示范区设计调整、融资结构优化。

第二阶段（4—6 个月）：落实配建方案锁定、集中采购签约、动态监控机制建立。

第三阶段（7—12 个月）：持续跟踪成本执行，每季度汇报优化效果，调整策略。

结论：通过材料标准优化、费用精细化管控、融资成本降低及风险前置管理，项目利润率可提升 2.7 个百分点，总成本节省 3764 万元，实现财务目标的可操作性极强。建议管理层立即启动上述措施，并建立跨部门协作机制确保落地。

虽然 DeepSeek 这里提供的财务规划内容有些主观，不一定能完全适用于实际项目，但它的确给出了财务规划的方向，可以供财务人员和管理人员参考。

二、DeepSeek 在财务预测规划中的作用、方法与策略

DeepSeek 如何助力财务预测规划？

第一步，明确目标，确定预测目的（如融资需求、利润目标）及时间范围（短期还是长期，最好能具体到未来几年还是几个月，输出结果更精准）。

第二步，数据收集，整合历史财务数据、市场数据、行业报告及管理层假设。

第三步，明确场景、需求和要求，如果可以明确具体预测方法更佳，比如回归分析、移动平均、指数平滑等，也可以告知管理层对未来的估计，比如"本地市场预计小幅回暖""整体经济形势较差""客户回款放缓"等背景，能够有助于 DeepSeek 给出更精准的预测。

财务预测的主要方法及适用场景：

1. 定性预测方法

（1）专家意见法

方法：通过行业专家、管理层或顾问的主观判断，结合经验和市场洞察进行预测。

适用场景：缺乏历史数据的新业务、新兴市场或重大政策变动时的初步

预测。

优缺点：灵活性强，但易受主观因素影响，需结合其他方法验证。

（2）德尔菲法（Delphi Method）

方法：匿名征求多轮专家意见，逐步收敛共识。

适用场景：长期战略规划或复杂环境下的不确定性预测（如技术变革、政策风险）。

示例：预测未来 5 年新能源行业政策对现金流的影响。

2. 定量预测方法

（1）历史数据分析法

方法：基于历史财务数据（收入、成本、利润等）的均值或增长率外推未来。

适用场景：业务稳定、市场波动小的成熟企业。

优缺点：简单快捷，但忽略外部变量（如竞争、经济周期）。

（2）趋势分析法

方法：通过时间序列模型（如移动平均、指数平滑）识别长期趋势、季节性或周期性规律。

适用场景：零售业销售额预测、季节性现金流管理。

工具：Excel 趋势线、ARIMA 模型。

（3）销售百分比法

方法：假设资产负债表项目（如存货、应收账款）与销售额成固定比例，推算未来财务需求。

适用场景：初创企业或快速扩张期的资金需求预测。

（4）回归分析法

方法：建立因变量（如利润）与自变量（如广告投入、国内生产总值增长率）的统计关系模型。

适用场景：多因素驱动的复杂预测（如房地产成本与土地价格、利率的关联性）。

3. 高级预测技术

（1）蒙特卡罗模拟（Monte Carlo Simulation）

方法：通过概率分布模拟数千种可能情景，计算关键指标（如净现值、内部收益率）的分布范围。

适用场景：风险评估（如项目投资回报的不确定性分析）。

（2）场景分析（Scenario Analysis）

方法：设定乐观、中性、悲观三种情景，分别预测财务结果。

适用场景：宏观经济波动（如通货膨胀、汇率变动）或供应链中断时的预案制定。

示例：预测原材料价格上涨 10% 对毛利率的影响。

4. 方法选择建议

初创企业：优先使用销售百分比法 + 专家意见法，快速估算资金需求。

成熟企业：趋势分析法 + 回归分析法，结合场景分析应对市场波动。

高风险项目：蒙特卡罗模拟 + 敏感性分析，量化风险敞口。

总体而言，财务预测须"量体裁衣"，结合企业阶段、数据质量及外部环境选择合适方法，并持续迭代模型以提高准确性。

附　录

DeepSeek 财税关键应用场景示例汇总

一、精准政策检索场景示例

1. 场景：企业跨境支付咨询

需求：查询 2024 年对外支付特许权使用费的税务政策。

要求：需列明代扣代缴税种、税率、申报期限，并附政策原文及电子税务局操作路径。

2. 场景：制造业税务筹划

需求：检索长三角地区先进制造业增值税留抵退税政策。

要求：对比三省一市政策差异，说明适用条件与申报材料清单。

3. 场景：高新技术企业认定

需求：获取研发费用加计扣除政策执行口径。

要求：需包含费用归集范围、备查资料清单及常见稽查风险点。

二、智能数据整理场景示例

1. 场景：上市公司年报分析

需求：将 20 家同行业公司近三年财务比率整理为对比表。

要求：包含毛利率、资产负债率、净资产收益率指标，标注异常值并生成可视化趋势图。

2. 场景：税务稽查应对

需求：分类统计近五年增值税进项发票数据。

要求：按供应商地区、发票类型、金额区间分组，识别高风险凭证并导出明细。

3. 场景：预算编制支持

需求：整合销售、采购、费用模块历史数据。

要求：自动匹配会计科目，生成结构化数据库并标注数据缺口。

三、高效财务分析场景示例

1. 场景：并购尽职调查

需求：分析目标公司财务报表潜在风险。

要求：重点检查关联交易占比、应收账款账龄、现金流与净利润偏离度。

2. 场景：成本管控优化

需求：拆解制造企业生产成本结构。

要求：区分固定成本和变动成本，对比行业标杆，提出三项降本增效建议。

3. 场景：银行贷款申请

需求：生成企业偿债能力专项分析报告。

要求：包含流动比率、利息保障倍数、自由现金流测算及压力测试结果。

四、税务风险预警场景示例

1. 场景：电商企业税务合规

需求：扫描直播带货收入申报风险。

要求：识别个人主播个人所得税代扣漏洞、增值税开票不合规情形及整改方案。

2. 场景：跨国关联交易

需求：评估跨境服务费定价合理性。

要求：运用可比非受控价格法，提供转让定价文档编制要点。

3. 场景：发票管理审计

需求：排查进项发票异常线索。

要求：标记出"三流不一致"的发票，列出作废率超标的供应商名单，并提出相应的应对策略。

五、财务预测规划场景示例

1. 场景：初创企业融资规划

需求：预测未来三年现金流缺口。

要求：分别按照乐观、中性、悲观三种情景，提出股权债权融资的比例建议。

2. 场景：固定资产更新决策

需求：测算设备购置与租赁的税负差异。

要求：考虑折旧抵税、租金抵扣及残值处理等因素，输出一份五年的现金流对比表。

3. 场景：税收优惠叠加应用

需求：模拟研发费用加计扣除与小微企业优惠组合后的效果。

要求：列示出不同利润区间的节税金额，并提示可能存在的政策冲突风险。

六、其他高频场景示例

1. 场景：IPO 财务合规整改

需求：对研发费用资本化处理问题进行诊断。

要求：对照科创板审核标准，提出费用重分类的调整方案。

2. 场景：税务行政复议

需求：准备土地增值税清算争议的申辩材料。

要求：梳理成本分摊的依据，并附上司法判例与税务机关的答复口径。

3. 场景：出口退税申报

需求：生成出口报关单与进项发票的匹配表。

要求：能够自动标记出换汇成本异常和超期未申报的单据。

4. 场景：股权激励设计

需求：测算限制性股票个人所得税税负。

要求：按照解锁时点计算应纳税所得额，并提供分期缴税的筹划路径。

5. 场景：企业重组税务筹划

需求：对比资产收购与股权收购在税收成本方面的差异。

要求：综合考虑企业所得税、土地增值税、契税等方面的差异，输出最优方案。

6. 场景：个体工商户核定征收

需求：评估核定征收改为查账征收后对税负的影响。

要求：基于近三年实际经营数据进行模拟测算，并提示账簿规范的相关要求。

7. 场景：增值税税负率异常

需求：诊断商贸企业税负率低于行业均值的原因。

要求：分析进销项结构、价格波动等因素，提供自查调整清单。

8. 场景：跨省分支机构汇总纳税

需求：计算总分机构企业所得税的分摊比例。

要求：按照"三因素法"自动分配税款，并生成汇总纳税申报表。

9. 场景：非居民企业税收管理

需求：判定境外设计服务是否构成常设机构。

要求：依据税收协定条款，分析人员派驻时长与业务实质。

10. 场景：税务注销清算

需求：梳理未抵扣进项税额的处理方案。

要求：区分正常损失与非正常损失，说明转出或退还的操作流程。

11. 场景：灵活用工平台合规

需求：验证业务真实性证明材料的清单。

要求：列示出合同、支付凭证、完税证明等必备文件及存档规范。

12. 场景：公益捐赠税前扣除

需求：确认基金会捐赠票据的抵扣效力。

要求：核对公益性社会组织名单，计算年度扣除限额。

13. 场景：留抵退税申请被拒

需求：分析退税审核不通过的原因。

要求：定位进项构成异常、信用等级不符等问题，并制定申诉策略。

14. 场景：税务稽查约谈准备

需求：模拟稽查人员可能提出的常见问题清单。

要求：覆盖收入确认、成本列支、关联交易等高风险领域的应答要点。

15. 场景：数字化电子发票切换

需求：制定税控设备迁移的实施方案。

要求：包含历史数据备份、新系统测试、员工培训时间表。

七、指令设计要点

1. 场景明确：须限定行业、业务阶段和具体问题（如"跨境电商出口退税"）。

2. 需求具体：说明输出形式（如报告、表格或计算公式等），同时明确对比维度（如跨期、跨地域、跨政策等）。

3. 要求细化：包含数据来源的说明、分析深度的要求和风险提示等级设定等约束条件。

4. 合规导向：强制关联最新政策条文，并标注地方执行差异。